MARCO POLO

TSCHECHISCH

Sprachführer mit Insider Tipps

Sprechen und Verstehen – ganz einfach

INHALT

Aussprache

Zur Erleichterung der Aussprache sind alle tschechischen Wörter und Wendungen zusätzlich mit einer einfachen Aussprache (in eckigen Klammern) versehen. Die Buchstaben in der Aussprache werden ausgesprochen wie im Deutschen, mit folgenden Sonderzeichen und Ausnahmen:

'	die Betonung ist auf der ersten Silbe des Wortes bzw. auf der Präposition.
Ďď dě di, Ťť tě ti, Ňň ně ni [dj], [tj], [nj]	(**Palatale –** am harten Gaumen gebildete Verschlusslaute) werden wie d, t, n mit einem „eingebauten" j gesprochen, dabei entsteht ein „schmatzendes" d, t oder n (wie franz. „Cognac").
r [r]	ist im Tschechischen immer ein „rollendes" Zungenspitzen-r. Es kann auch silbenbildend statt eines Vokals stehen (z. B. prst [prsst] (Finger), skrz [sskrss] (durch)) und die Betonung tragen (brzo ['brso] (bald)).
ř [rsch]	ist ein tschechischer Sonderlaut. Er ist ähnlich wie das Zungenspitzen-r, die Zungenspitze ist aber stumpfer, daher kommt es zu einem begleitenden Reibegeräusch (ähnlich wie „rsch"): Sagen Sie das -r- in „Brise" mit einer „stumpfen" Zungenspitze.
h [h]	wird tief im Kehlkopf und sehr stimmhaft gesprochen, fast wie ein Vokal (etwa wie in „aha"). Das „h" **muss** im Tschechischen immer gesprochen werden.
p, t, k	werden ganz ohne Behauchung gesprochen, jedoch vollkommen stimmlos (wie b, d, g, aber geflüstert).
c	als Buchstabe wird immer als [ts] bzw. [z], ggf. stimmhaft als [ds] gelesen, z. B.: Lidice ['lidjizä].
j	wird vor Konsonanten und umgangssprachlich im Wort ještě [jäschtjä] (noch) nicht ausgesprochen.
n	wird, wie im Deutschen, vor **k** und **g** hinten ausgesprochen (ba**ng**en, le**nk**en).
mě- [mnjä-]	wird immer mit einem „nj" ausgesprochen.
š [sch]	ist stimmlos (**Sch**ule).
ž [sch]	ist stimmhaft (**J**ournal).

Beachten Sie:

- Manche Konsonantengruppen können vereinfacht werden: čtyři ['tschtirschi] oder ['schtirschi], jablko ['japko], ebenso beim Zusammentreffen zweier gleicher Konsonanten: dcera ['zära], přes sobotu ['prschässobotu].
  -l nach Konsonanten wird beim Partizip Perfekt Aktiv (Mittelwort der Vergangenheit) m sing in der Umgangssprache weggelassen: moh [moch] (konnte), jedl [jät] (aß, gegessen), nesl [näss] (trug, getragen).
- Alle tschechischen Vokale, die kurzen wie auch die langen, sind offener als im Deutschen. Sie werden nicht „geschluckt", auch ein -e am Ende wird immer „volle Kanne", also „volläh Kannäh", ausgesprochen!
- **o** wird immer offen wie in „**o**ffen" ausgesprochen, nie geschlossen wie in „**O**fen".
- Vor jedem Anfangs-**o** wird in der Umgangssprache ein [w] gesprochen: oba ['woba] statt hochsprachlich ['oba] (beide).
- **ú** und **ů** sind in der Aussprache identisch [uh] (úkol ['uhkol] (Aufgabe), dům [duhm] (Haus)), ebenso **i** und **y** (bil-byl [bil]) sowie auch **í** und **ý** (mít-mýt [miht]).
- **ou, au, eu** [ou] [au] [äu] werden als Verbindung der Vokale in ihrer eigenen Qualität gesprochen und nicht verändert!
  mouka ['mouka] (Mehl).

Das Alphabet

in eckigen Klammern eine grobe lautliche Entsprechung

A,a	[a]	I,i	[i]	S,s	[ss] [1]
Á,á	[ah]	Í,í	[ih]	Š,š	[sch] [1]
B,b	[b]	J,j	[j]	T,t	[t]
C,c	[z]	K,k	[k]	Ť,ť	[tj]
Č,č	[tsch]	L,l	[l]	U,u	[u]
D,d	[d]	M,m	[m]	Ú,ú,ů	[uh]
Ď,ď	[dj]	N,n	[n]	V,v	[w]
E,e	[ä]	Ň,ň	[nj]	W,w	[w]
Ě,ě	[jä]	O,o	[o]	X,x	[ks]
F,f	[f]	Ó,ó	[oh]	Y,y	[i]
G,g	[g]	P,p	[p]	Ý,ý	[ih]
H,h	[h]	R,r	[r]	Z,z	[s] [2]
Ch,ch	[ch]	Ř,ř	[rsch]	Ž,ž	[sch] [2]

[1] stimmlos [2] stimmhaft

Abkürzungen

akk	Akkusativ, 4. Fall (Wen oder was?)
adj	Adjektiv, Eigenschaftswort
adv	Adverb, Umstandswort
bel.	belebt (nur bei Maskulinum)
dat	Dativ, 3. Fall (Wem?)
etw	etwas
f	Femininum, weiblich
gen	Genitiv, 2. Fall (Wessen?)
hs	hochsprachlich (offizielle Reden, Schriftsprache)
instr	Instrumental, 7. Fall (Womit? Wodurch?)
ipf	imperfektiv, unvollendeter Verbaspekt
jdm	jemandem
jdn	jemanden
m	Maskulinum, männlich
n	Neutrum, sächlich
nom	Nominativ, 1. Fall (Wer oder was?)
pf	perfektiv, vollendeter Verbaspekt
pl	Plural, Mehrzahl
präp	Präpositiv, Lokativ, 6. Fall (Wo? Worüber?)
s.	sich
sing	Singular, Einzahl
ugs	umgangssprachlich (im Alltag benutztes Wort)
unbel.	unbelebt (nur bei Maskulinum)

Auftakt
Wie man Freunde gewinnt

Die Tschechen sind ausgesprochen gastfreundlich. Probieren Sie es aus und stellen sich mit fragendem Gesicht und aufgeschlagenem Stadtplan auf eine Straße. Vielleicht nicht gerade in einer Touristenstadt. Aber auf dem Land und in kleineren Städten wird Ihnen bestimmt von jemandem Hilfe angeboten. Und wenn Sie Ihr Problem noch so bruchstückhaft auf Tschechisch schildern: Sie werden gleich noch herzlicher beraten.

Wer, wie, was?

Wer?	Kdo? [gdo]
Was?	Co? [zo]
Welcher/Welche/	Který ['ktärih] /Která ['ktärah]/
Welches?	Které? ['ktäräh]
Wem?	Komu? ['komu]
Wen?	Koho? ['koho]
Wie?	Jak? [jak]
Wie viel?	Kolik? ['kolik]
Warum?	Proč? [protsch]
Wo?	Kde? [gdä]
Wann?	Kdy? [gdi]
Wie lange?	Jak dlouho? ['jag 'dlouho]

Ja.	Ano. ['ano]
Nein.	Ne. [nä]
Bitte.	Prosím. ['prossihm]
Danke.	Děkuji. ['djäkuji]
Wie bitte?	Prosím? ['prossihm]
In Ordnung!	V pořádku! ['fporschahtku]
Verzeihung!	Promiňte! ['prominjtä]
Ich möchte…	Chtěl/-a bych … ['chtjäl/-a'bich]
Hilfe!	Pomoc! ['pomoz]

KENNENLERNEN

GUTEN TAG!	**DOBRÝ DEN!** ['dobrih 'dän]
Guten Morgen!	Dobré jitro! ['dobräh 'jitro]
Guten Abend!	Dobrý večer! ['dobrih 'wätschär]
Hallo!/Grüß dich!	Ahoj! ['ahoj]
Wie ist Ihr Name, bitte?	Jaké je vaše jméno, prosím? ['jakäh jä 'waschä 'mähno 'prossihm]
Wie heißt du?	Jak se jmenuješ? ['jak ssä 'mänujäsch]

Guten Morgen

Kurz nach den Aufstehen begrüßt man sich mit „dobré jitro" [dobree jitro], ansonsten lautet der Morgengruß „dobré ráno" [dobree raano]. Nach neun Uhr sagt man üblicherweise „dobrý den" [dobrii den] („Guten Tag") zueinander.

„Ahoj!"

Die Tschechen haben kein Meer – vielleicht benutzen sie deshalb als Ausgleich den Seemannsgruß „ahoj". Es ist der häufigste Gruß, aber Vorsicht: „ahoj" sagt man nur zu Personen, die man duzt. Man benutzt ihn sowohl für „Hallo" als auch für „Tschüs". Beim Abschied sagt man auch „Tak ahoj!" [tak 'ahoj] („Also tschüs!").

MEIN NAME IST .../ ICH HEISSE ...	JMENUJI SE ... ['mänuji ssä]
Darf ich bekannt machen?	Smím vás seznámit? ['ssmihm wah'ssäsnahmit]
Das ist ...	To je ... ['tojä]
Frau...	paní... ['panjih]
Fräulein...	slečna... ['sslätschna]
Herr...	pan... ['pan]
Freut mich.	Těší mě. ['tjäschih mnjä]

Die Anrede

Die Höflichkeitsform im Tschechischen ist nicht „Sie" sondern „ihr" („vy" [wi]). Das Duzen ist in etwa gleich üblich wie in Deutschland (unter Studenten, jungen Leuten, Verwandten, Freunden, Kollegen).

Bei der Anrede ohne Namen (z. B. wenn der Name nicht bekannt ist) fängt man meistens mit „prosím vás" ['prossihm was] („ich bitte Sie") an. Man kann den Gesprächspartner auch mit „pane" ['panä] („Herr"), „paní" ['panji] („Frau") bzw. „slečno" [sletschno] („Fräulein") ansprechen.

Ob alt oder jung, verheiratet oder ledig, allen weiblichen Wesen wird an den Familiennamen die Endung -ova angehängt. Jan Novák – Eva Nováková. Das gilt auch bei Ausländerinnen: Steffi Grafová, ...

Wie geht es Ihnen/dir?	Jak se máte/máš? ['jak ssä 'mahtä/'mahsch]
Danke. Und Ihnen/dir?	Děkuji. A vy/ty? ['djäkuji a 'wi/ti]
Woher kommen Sie/ kommst du?	Odkud jste/jsi? ['otkut 'sstä/ssi]
Ich bin aus ...	Jsem z ... ['ssäm s]

Herr Professor – Frau Magister

Auf akademische Titel wird großer Wert gelegt. Man sollte sie deshalb immer nennen, egal ob mit oder ohne Familiennamen. „Pane doktore" [pane doktore] – Herr Doktor; „Pani profesorko" [panji professorko] – Frau Professor(in) (auch zu Gymnasiallehrern) ...

Sind Sie/Bist du allein?	Jste/Jsi tu sám? ['sstä/'ssi tu 'ssahm]
Wie alt sind Sie/bist du?	Kolik je vám/ti (let)? ['kolik 'jä wahm/tji ('lät)]
Ich bin 39.	Je mi třicet devět. ['jä mi 'trschizät 'däwjät]

JA, BITTE	ANO PROSÍM ['ano 'prossihm]
Darf ich Sie/dich um einen Gefallen bitten?	Smím vás/tě o něco poprosit? ['ssmihm wahss/tjä 'onjäzo 'poprossit]
Gestatten Sie?	Dovolíte? ['dowolihtä]
Können Sie mir bitte helfen?	Prosím vás, můžete mi pomoci? ['prossihm wahss 'muhschätä mi 'pomozi]

DANKE	DĚKUJI ['djäkuji]
Vielen Dank.	Děkuji mockrát. ['djäkuji 'mozkraht]
Danke, sehr gern.	Děkuji, rád/-a. ['djäkuji 'raht/'rahda]
Nein, danke.	Ne, děkuji. ['nä 'djäkuji]
Danke, gleichfalls.	Děkuji, nápodobně. ['djäkuji 'nahpodobnjä]
Das ist nett, danke.	To je milé, děkuji. ['to jä 'miläh 'djäkuji]
Mit Vergnügen!	S radostí! ['ssradosstjih]
Bitte sehr./Gern geschehen.	Prosím./Rádo se stalo. ['prossihm/'rahdo ssä 'sstalo]

ENTSCHULDIGUNG!	PROMIŇTE! ['prominjtä]
Das tut mir Leid.	To mi je líto. ['to mi jä 'lihto]
Schade!	Škoda! ['schkoda]

„Kleine Wörter"

Tak [tak]	so, also
tedy [tädi], teda [täda]	also
že [schä], prý [prih], prej [präj]	dass, angeblich
že prej ... [schä präj]	Ich habe gehört ...
hele [hälä]	sieh mal, schau mal, du!

Bayerisches Böhmisch ...

Viele tschechische Wörter sind deutschen bzw. bayrischen Ursprungs: z. B. kšeft [kschäft] = Geschäft; „ksicht" [ksicht] = Gesicht; furt [furt] = dauernd, immer(fort).
Auch viele kleine Gefühlswörter sind praktisch gleich: „au" für „das hat weh getan", „jo" und „hmm" für „ja", „psst" oder „pšt" [pscht] für „leise", „fuj" für „pfui" ...

WIE BITTE?	CO PROSÍM? ['zo prossihm]
Ich verstehe Sie/dich nicht. Bitte, wiederholen Sie/wiederhole es.	Nerozumím vám/ti. Prosím, zopakujte/zopakuj to ještě jednou. ['närosumihm wahm/tji 'prossihm 'sopakujtä/'sopakuj to '(j)äschtjä 'jädnou]
Bitte sprechen Sie/sprich etwas langsamer/lauter.	Mluvte/Mluv, prosím trochu pomaleji/hlasitěji. ['mluftä/'mluf 'prossihm 'trochu 'pomaläji/'hlassitjäji]
Ich verstehe.	Rozumím. ['rosumihm]
Ich spreche nur wenig ...	Mluvím jen málo ... ['mluwihm jän 'mahlo]
Schreiben Sie/Schreibe es mir bitte auf!	Napište/Napiš mi to prosím! ['napischtä/'napisch mi to 'prossihm]

„Ty vole!"

Ein häufig benutzter Ausdruck, der wörtlich übersetzt „Du Ochse" bedeutet. Man verwendet ihn aber auch häufig für „He du", „Hör mal".

VERABREDUNG/FLIRT	SCHŮZKA/FLIRT [sschuhsska/flirt]
Haben Sie/Hast du für morgen schon etwas vor?	Máte/Máš už na zítřek něco v plánu? ['mahtä/'mahsch usch 'nasihtrschäk 'njäzo 'fplahnu]
Wollen wir zusammen hingehen?	Půjdeme tam spolu? ['pudämä tam 'sspolu]
Wann treffen wir uns?	Kdy se sejdeme? ['gdi ssä 'ssäjdämä]
Ich liebe dich!	Miluju tě! ['miluju tjä]
Sind Sie *(Mann)* verheiratet?	Jste ženatý? ['s tä 'schänatih]
Sind Sie *(Frau)* verheiratet?	Jste vdaná? ['s tä 'wdanah]

Hast du einen Freund/ eine Freundin?	Máš přítele/přítelkyni? ['mahsch 'prschihtälä/'prschihtälkinji]
Ich habe mich den ganzen Tag auf Sie/dich gefreut.	Celý den jsem se na vás/na tebe těšil/-a. [zälih dän ssäm ssä navahs/natäbä tjäschil/-a]
Du hast wunderschöne Augen!	Máš krásné oči! [mahsch krahsnih otschi]
Es ist toll, mit dir zusammen zu sein!	Je prima být s tebou! [jä prima biht s täbou]

Na ja

No [no]	„Ja", „Na ja", „Tja", „Na ..."
No jo [no jo]	„Na ja"

Ich habe mich in dich verliebt.	Zamiloval/-a jsem se do tebe! [samiloval/-a ssäm ssä dotäbä]
Ich mich auch in dich.	Já do tebe taky. [jah dotäbä taki]
Es tut mir Leid, aber ich bin nicht in dich verliebt.	Je mi líto, ale nejsem do tebe zamilovaný/ zamilovaná. [jä mi lihto alä näjssäm dotäbä samilowanih/samilowanah]
Gehen wir zu dir oder zu mir?	Půjdeme k tobě nebo ke mně? [pudämä ktobjä näbo kämnjä]
Ich möchte mit dir schlafen.	Chtěl/-a bych se s tebou vyspat. [chtjäl/-a bichsä s täbou wispat]
Ich habe keine Lust dazu.	Na to nemám chuť. ['nato 'nämahm 'chutj]
Ich will nicht.	Nechci. ['nächzi]
Hör sofort auf!	Okamžitě přestaň! [okamschitjä prschästanj]
Aber nur mit Kondom!	Ale jenom s prezervativem! [alä jänom s präsärvatiwäm]
Hast du Kondome?	Máš prezervativy? [Mahsch präsärwatiwi]
Darf ich Sie/dich nach Hause bringen?	Smím vás/tě doprovodit domů? ['ssmihm wahs/tjä 'doprowodjid 'domuh]
Bitte geh jetzt!	Jdi už pryč! [dji usch pritsch]
Lassen Sie mich bitte in Ruhe!	Nechte mě prosím na pokoji! ['nächtä mnjä 'prossihm 'napokoji]
Hau ab!	Odpal! ['otpal], Táhni! [tah-hni]

Zieh Leine!

Insider Tipp

Táhni! ['taahhnji] (Zieh!): So einen Befehl kann man zwar am Brunnen oder beim Tauziehen bekommen, meist bedeutet es aber, dass der andere verschwinden soll.

Slang oder Jugendsprache

Insider Tipp

Manche Begriffe sind eher Eintagsfliegen, andere sind Evergreens, und werden von Jung und Alt gleichermaßen gebraucht.

hafo ['hafo]	Unmenge, Haufen, viel
super ['ssupär], supr [ssupr]	super
to je suprový [to jä ssuprowii]	das ist super, ge l
bomba ['bomba]	Spitze
kosa ['kossa], kláda [klaada]	Eiseskälte
sekáč [ssäkaatsch]	Second-Hand Geschäft
búra ['buura]	ein Fünfer (Geld)
pětka ['pjätka]	ein Zehner
kilo ['kilo]	ein Hunderter
litr ['litr]	ein Tausender
meloun ['mäloun]	eine Million

sbalit někoho ['sbalit 'njäkohho] – jemanden anbaggern
nabalit si někoho ['nabalitsi 'njäkohho] – jemanden anbaggern

AUF WIEDERSEHEN!	NA SHLEDANOU! ['nass chlädanou]
Wir sehen uns später!	Uvidíme se později! ['uwidihmä ssä 'poscjäji]
Bis morgen!	Na shledanou zítra! ['nass chlädanou 'sihtra]
Gute Nacht!	Dobrou noc! ['dobrou 'noz]
Tschüs!	Ahoj! ['ahoj]
Alles Gute!	Všechno nejlepší! ['fschächno 'näjläpschih]
Gute Reise!	Šťastnou cestu! ['schtjass(t)nou 'zässtu]
Vielen Dank für den netten Abend.	Děkuji za příjemný večer. ['djäkuji 'saprschihjämnih 'wätschär]

HERZLICHEN GLÜCKWUNSCH!	SRDEČNĚ BLAHOPŘEJI! ['ssrdätschnjä 'blahoprschäji]
Alles Gute …	Všechno nejlepší … ['fschächno 'näjläpschih]
zum Geburtstag!	k narozeninám! ['k narosänjinahm]
zum Namenstag!	k svátku! ['kswahtku]
Viel Erfolg!	Hodně úspěchů! ['hodjnjä 'uhsspjächuh]
Viel Glück!	Hodně štěstí! ['hodjnjä 'schtjässtjih]
Gute Besserung!	Brzké uzdravení! ['brsskäh 'usdrawänjih]
Schönes Wochenende!	Hezký víkend! ['hässkih 'wihkänt]

Gestik/Mimik

So verstehen Sie die Gesten der Tschechen:

„To je mi volný."/„To mi je fuk." –„Das ist mir ganz egal/wurscht."

„Túdle!" – „Hier!"/„Du kannst mir viel erzählen ..."

„Co já vím!" – „Keine Ahnung!"

„Držím palce." – „Ich drücke dir die Daumen!"

„Tobě přeskočilo!" – „Du bist bekloppt!"

„Pst/pšt! Ticho!" – „Psst! Ruhe!"

Aufgepasst!

Insider Tipp

Womit man anecken oder als ungehobelt gelten könnte:
... wenn man als Gast die Schuhe nicht auszieht,
... wenn man – vor allem im Umgang mit Älteren – zu selbstverständlich beim Essen etc. zugreift,
... wenn man ältere Leute oder schwangere Frauen in öffentlichen Verkehrsmitteln nicht hinsetzen lässt,
... wenn man zu laut spricht,
... wenn man unfähig ist, über sich selbst zu lachen,
... wenn man allgemein zu großspurig tut oder sich als Tourist als etwas Besseres fühlt.

WO GEHT'S LANG?

Bitte, wo ist ...?	Prosím vás, kde je ...? ['prossihm 'wahs gdä jä]
Können Sie mir sagen, wie ich zum/zur ... komme?	Můžete mi říct, kudy mám jít k/ke ...? ['muhschätä mi rschihzt 'kudi 'mahm 'jiht 'k/g/kä]
Tut mir Leid, das weiß ich nicht.	Lituji, to nevím. ['lituji to 'näwihm]
Welches ist der kürzeste Weg nach/zu ...?	Jaká je nejkratší cesta do/k/ke ...? ['jakah jä 'näjkratschih 'zässta 'do .../'k/g/kä]
Wie weit ist es zum/zur ...?	Jak je to daleko k/ke ...? ['jak jä to 'daläko 'k/g/kä]
Es ist (nicht) weit.	To je daleko. (To není daleko). [to jä 'daläko (to 'nänjih 'daläko)]
Gehen Sie ...	Jděte ... ['djätä]
geradeaus.	rovně. ['rownjä]
nach links.	doleva. ['doläwa]
nach rechts.	doprava. ['doprawa]
Erste/Zweite Straße links/rechts.	První/Druhá ulice vlevo/vpravo. ['prwnjih/'druhah 'ulizä 'wläwo/'fprawo]
Überqueren Sie ...	Přejděte ... ['prschäjdjätä]
die Brücke.	přes most. ['prschäsmosst]
den Platz.	přes náměstí. ['prschäsnahmnjässtjih]
die Straße.	přes ulici. ['prschäs ulizi]
Dann fragen Sie noch einmal.	Pak se zase zeptejte. ['pak ssä 'sassä 'säptäjtä]
Sie können den Bus Nr. ... nehmen.	Můžete jet autobusem číslo ... ['muhschätä 'jät 'autobussäm 'tschihsslo]

Zahlen, Masse, Gewichte

0	nula ['nula]	19	devatenáct ['däwatänahtst]
1	jedna f ['jädna], (jeden m)	20	dvacet ['dwatsät]
2	dva m [dwa], dvě f [dwjä]	21	dvacet jedna ['dwatsät'jädna]
3	tři [trschi]	30	třicet ['trschitsät]
4	čtyři ['schtirschi]	40	čtyřicet ['schtirschitsät]
5	pět [pjät]	50	padesát ['padässaht]
6	šest [schässt]	60	šedesát ['schädässaht]
7	sedm ['ssädum]	70	sedmdesát ['ssädumdässaht]
8	osm ['ossum]	80	osmdesát ['ossumdässaht]
9	devět ['däwjät]	90	devadesát ['däwadässaht]
10	deset ['dässät]	100	sto [ssto]
11	jedenáct ['jädänahtst]	101	sto jedna ['ssto'jädna]
12	dvanáct ['dwanahtst]	200	dvě stě ['dwjä'sstjä]
13	třináct ['trschinahtst]	300	tři sta ['trschi'ssta]
14	čtrnáct ['schtrnahtst]	1 000	tisíc ['tjissihts]
15	patnáct ['patnahtst]	2 000	dva tisíce ['dwa'tjissihtsä]
16	šestnáct ['schässtnahtst]	10 000	deset tisíc ['dässä'tjissihts]
17	sedmnáct ['ssädumnahtst]	100 000	sto tisíc ['ssto'tjissihts]
18	osmnáct ['ossumnahtst]	1 000 000	milión ['mili,john]

1. první ['prwnjih]	1/2 půl [puhl]
2. druhý [druhih]	1/3 třetina ['trschätjina]
3. třetí ['trschätjih]	1/4 čtvrt [(t)schtwrt]
2005	dva tisíce pět ['dwatjissiitsäjäpjät]
2006	dva tisíce šest ['dwatjissiitsäschässt]
2007	dva tisíce sedm ['dwatjissiitsä'ssädum]
Millimeter	milimetr ['mili,mätr]
Zentimeter	centimetr ['tsänti,mätr]
Meter	metr ['mätr]
Kilometer	kilometr ['kilo,mätr]
Meile	míle ['mihlä]
Quadratmeter	čtvereční metr ['tschtwärätschnjih'mätr], metr čtvereční ['mätr'tschtwärätschnjih]
Hektar	hektar ['häktar]
Liter	litr ['litr]
Gramm	gram [gram]
Kilogramm	kilo ['kilo]

ZEIT

UHRZEIT		**HODINA** ['hodjina]
Wie viel Uhr ist es?		**Kolik je hodin?** ['kolik jä 'hodjin]
Es ist (genau/ ungefähr) …		Je (přesně/přibližně)… [jä 'prschässnjä/'prschiblischnjä]
	3 Uhr.	jsou tři (hodiny). [ssou 'trschi ('hodjini)]
	5 nach 3.	jsou tři (hodiny) a pět minut. [ssou 'trschi ('hodjini) a 'pjät 'minut]
	3 Uhr 10.	jsou tři (hodiny) a deset minut. [ssou 'trschi ('hodjini) a 'dässāt 'minut]
	Viertel nach 3.	je čtvrt na čtyři. [jä 'tschtwrt 'na tschirschi] *oder* [jä 'schtwrt 'na schtirschi]
	halb 4.	je půl čtvrté. [jä 'puhl 'pahtäh]
	Viertel vor 4.	je tři čtvrtě na čtyři. [jä 'trschi 'schtwrtjä 'na schtirschi]
	5 vor 4.	za pět minut čtyři. ['sa pjāt 'minut 'schtirschi]
	12 Uhr mittag/ Mitternacht.	je poledne (dvanáct hodin) [jä 'polädnä ('dwanahds 'hodjin)]/půlnoc. [puhlnoz]
Wann?		**Kdy?** [gdi]
Um 1 Uhr.		V jednu (hodinu). ['wjädnu ('hodjinu)]
In einer Stunde.		Za hodinu. ['sahodjinu]
Zwischen 3 und 4.		Mezi třetí a čtvrtou. ['mäsi 'trschätjih a 'schtwrtou]
Wie lange?		**Jak dlouho?** ['jag 'dlouho]
Zwei Stunden (lang).		Dvě hodiny. ['dwjä 'hodjini]
Von 10 bis 11.		Od deseti do jedenácti. ['odässätji 'do jädänahztji]
Bis 5 Uhr.		Do pěti. ['dopjätji]
Seit wann?		**Od kdy?** ['odgdi]
Seit 8 Uhr morgens.		Od osmi hodin ránc. ['ot ossmi 'hodjin 'rahno]
Seit einer halben Stunde.		Už půl hodiny. [,usch 'puhl hodjini]

SONSTIGE ZEITANGABEN	OSTATNÍ ČASOVÉ DAJE [osstatnjih tschassowäh uhdajä]
abends	večer ['wätschär]
alle halbe Stunde	každou půlhodinu ['kaschdou 'puhl,hodjinu]
alle zwei Tage	každý druhý den ['kaschdih 'druhi 'dän]
am Sonntag	v neděli ['wnädjäli]
am Wochenende	o víkendu ['o wihkändu]
bald	brzo, brzy ['brso 'brsi]
diese Woche	tento týden ['tänto 'tidän]
gegen Mittag	kolem poledne ['koläm 'polädnä]
gestern	včera ['ftschära]
heute	dnes [dnäss]
heute Morgen	dnes ráno ['dnäss 'rahno]
heute Abend	dnes večer ['dnäss 'wätschär]
in 14 Tagen	za čtrnáct dní ['sa schtrnahdsdjnjih]
innerhalb einer Woche	během týdne ['bjähäm 'tihdnä]
jeden Tag	každý den ['kaschdih dän]
jetzt	teď [tätj]
kürzlich	nedávno ['nädahwno]
letzten Montag	minulé pondělí ['minuläh 'ponjdjälih]
manchmal	někdy ['njägdi]
mittags	v poledne ['fpolädnä]
morgen	zítra ['sihtra]
morgen Früh	zítra ráno ['sihtra rahno]
morgens	ráno ['rahno]
nachmittags	odpoledne ['otpolädnä]
nächstes Jahr	příští rok ['prschischtjih 'rok]
nachts	v noci ['wnozi]
stündlich	každou hodinu ['kaschdou 'hodjinu]
täglich	denně ['dänjä]
übermorgen	pozítří ['posihtrschih]
von Zeit zu Zeit	občas ['optschass]
vor zehn Minuten	před deseti minutami ['prschädässätji 'minutami]
vorgestern	předevčírem ['prschädäftschihräm], převčírem ['prschäftschihräm]
vormittags	dopoledne ['dopolädnä]

DATUM	DATUM [datum]
Den Wievielten haben wir heute?	Kolikátého máme dnes? ['kolikahtähho 'mahmä 'dnäss]
Heute ist der 3. Mai.	Dnes je třetího května. ['dnäss jä 'trschätjih ho 'kwjätna]

WOCHENTAGE	DNY V TÝDNU [dni ftidnu]
Montag	pondělí ['ponjdjälih]
Dienstag	úterý ['uhtärih]
Mittwoch	středa ['sstrschäda]

Donnerstag .... čtvrtek ['tschtwrtäk] *oder* ['schtwrtäk]
Freitag .... pátek ['pahtäk]
Samstag .... sobota ['ssobota]
Sonntag .... neděle ['nädjälä]

MONATE	MĚSÍCE [mnjäsizä]

Januar .... leden ['lädän]
Februar .... únor ['uhnor]
März .... březen ['brschäsän]
April .... duben ['dubän]
Mai .... květen ['kwjätän]
Juni .... červen ['tschärwän]
Juli .... červenec [tschärwänäz]
August .... srpen ['ssrpän]
September .... září ['sahrschih]
Oktober .... říjen ['rschihjän]
November .... listopad ['lisstopat]
Dezember .... prosinec ['prossinäz]

JAHRESZEITEN	ROČNÍ DOBY [rotschnjih dobi]

Frühling .... jaro ['jaro]
Sommer .... léto ['lähto]
Herbst .... podzim ['podsim]
Winter .... zima ['sima]

FEIERTAGE	SVÁTKY [svahtki]

Gesetzliche Feiertage:

Neujahr .... Nový rok ['nowih 'rok]
Ostermontag .... Velikonoční pondělí ['wälikonotschnjih 'ponjdjälih]
1. Mai (Tag der Arbeit) .. První máj ['prwnjih 'mahj]
8. 5. (Tag der Befreiung) . osmý květen – Konec druhé světové války ['oschmih 'kwjätän 'konäz 'druhäh 'sswjätowäh 'wahlki]
5. 7. (Tag der Slawenapostel) ... Cyril a Metoděj ['tsiril a 'mätodjäj]
6. 7. (Jan-Hus-Tag) ...... Mistr Jan Hus ['mistrr 'jan 'hus]
28. 9. (Tag des hl. Wenzels) .... Václav ['waatslav]
28. 10. (Tag der Republik) .... dvacátý osmý říjen Prohlášení Česko-slovenské republiky ['dwazahtih 'ossmih 'rschihjän 'prohlahschänjih 'tschässko,sslowänsskäh 'räpubliki]
17. 11. (Tag der Studentenrevolte) .... Den boje za svobodu a demokracii [dän 'bojä 'saswobodu a 'dämokratsiji]
Heiliger Abend .... Štědrý večer ['schtjädrih 'wätschär]
1. Weihnachtsfeiertag ... Boží hod ['boschih 'hot]
2. Weihnachtsfeiertag ... Štěpán ['schtjäpahn]

Wetter

Wie wird das Wetter heute?	Jaké bude dnes počasí? ['jakäh 'budä 'dnäss 'potschassih]
Es bleibt schön/schlecht.	Bude i dále hezky/ošklivo. ['budä i 'dahlä 'hässki/'oschkliwo]
Es wird wärmer/kälter.	Bude tepleji/chladněji. ['budä 'täpläji/'chladjnjäji]
Es soll regnen/schneien.	Má pršet/sněžit. ['mah 'prschät/'ssnjäschit]
Es ist kalt/heiß/schwül.	Je zima/horko/dusno. ['jä 'sima/'horko/'dussno]
Wie viel Grad haben wir heute?	Kolik je dnes stupňů? ['kolik,jä ,dnä'sstupnjuh]
Es ist 20 Grad Celsius.	Je dvacet stupňů Celsia. [jä 'dwazät 'sstupnjuh 'zälsija]

bewölkt .... zataženo ['sataschäno]
Blitz .... blesk [blässk]
Donner .... hrom [hrom]
Frost .... mráz [mrahss]
Gewitter .... bouřka ['bourschka]
Glatteis .... náledí ['nahlädjih]
heiß .... horko [horko]
Hitze .... horko ['horko]
kalt .... zima ['sima]
Klima .... klima ['klihma]
Luft .... vzduch ['wsduch]
nass .... vlhko ['wlchko]
Nebel .... mlha ['mlha]
Pulverschnee .... prašan ['praschan]
Regen .... déšť ['dähschtj]
regnerisch .... na déšť ['nadähschtj]
Schnee .... sníh [ssnjihch]
schwül .... dusno ['dussno]
Sonne .... slunce ['sslunzä]
sonnig .... slunečno ['sslunätschno]
Temperatur .... teplota ['täplota]
trocken .... sucho ['ssucho]
Überschwemmung ..... záplava ['sahplawa]
warm .... teplo ['täplo]
wechselhaft .... proměnlivo ['promnjänliwo]
Wetterbericht .... předpověď počasí ['prschätpowjätj 'potschassih]
Wind .... vítr ['wihtr]
Wolke .... mrak ['mrak]

Auf der Reise

Wie weit ist es noch?

Egal in welche Himmelsrichtung Sie sich aufmachen, ob in Böhmen oder in Mähren – es lohnt sich jede: Im Norden z. B. liegt „Český ráj" (Böhmisches Paradies), ein Naturschutzgebiet mit bizarren Felsformationen und wildromantischen Burgen. Im Süden kann man Märchenschlösser wie Hluboká oder die mittelalterliche Stadt Český Krumlov besuchen. Ostwärts befindet sich Pardubice, eine mustergültige Renaissancestadt. Wer gen Westen reist, gelangt in die traditionelle Badekurregion mit Karls-, Marien- oder Franzensbad. Und in der Mitte liegt Prag.

... MIT DEM AUTO/MOTORRAD/FAHRRAD

ENTSCHULDIGUNG, WIE KOMME ICH NACH ...?	**PROMIŇTE, JAK SE DOSTANU DO/K...?** ['prominjtä 'jak ssä 'dosstanu 'do/k/g]
Wie weit ist das?	Jak je to daleko? ['jak jä to 'daläko]
Bitte, ist das die Straße nach ...?	Je to prosím cesta do ...? ['jä to 'prossihm 'zässta 'do]
Wie komme ich zur Autobahn nach ...?	Jak se dostanu na dálnici na ...? ['jak ssä 'dosstanu 'nadahlnjizi 'na]

Keine Ahnung?!

Insider Tipp

Mám okno [maam 'wokno] heißt wörtlich übersetzt „Ich habe ein Fenster". Nur bedeutet das im übertragenen Sinn nicht, dass ich den Durchblick habe, sondern das Gegenteil: „ich habe einen Blackout".

Immer geradeaus bis ...	Pořád rovně až ... ['porschaht 'rownjä asch]
Dann links/rechts abbiegen.	Potom odbočte (zahněte) do leva/do prava. ['potom 'odbotschtä ('sahnjätä) 'doläwa/'doprawa]

VOLL TANKEN, BITTE	**PLNOU (NÀDRŽ) PROSÍM** ['plnou ('nahdrsch) 'prossihm]
Ich möchte ... Liter	Chtěl/-a bych ... litrů ['chtjäl/-a bich ... litruh]
Normalbenzin.	benzínu speciál. ['bänsihnu 'sspäzijahl]
Super.	benzínu super. ['bänsihnu 'ssupr]
Diesel.	nafty. ['nafti]

An der Zapfsäule

Wenn Sie Diesel tanken wollen, müssen Sie nicht unbedingt „nafta" sagen. Man versteht auch „Diesel".
An Tankstellen mit Bedienung werden die Fensterscheiben am Fahrzeug gereinigt, wofür ein Trinkgeld („zpropitné" ['sspropitnää] bzw. umgangssprachlich „dýško" [dischko]) erwartet wird. Auch an manchen Ampeln mit langen Rotphasen wollen sich Scheibenputzer ein bisschen Geld verdienen.

bleifrei/verbleit/mit … Oktan.	naturálu/s olovem/ … -oktanového. ['naturahlu/'ss olowäm'/…-okta nowähho]
Prüfen Sie bitte …	Prosím zkontrolujte mi … ['prossihm 'sskontrolujtä mi]
den Ölstand.	olej. ['oläj]
den Reifendruck.	tlak v pneumatikách. ['tlak fpnäumatikahch]

PARKEN	PARKOVÀNÍ [parkowan ih]
Gibt es hier in der Nähe eine Parkmöglichkeit?	Dá se tady někde blízko parkovat? ['dah ssä 'tadi 'njägdä 'blihssko 'parkowat]
Kann ich den Wagen hier abstellen?	Můžu tady zaparkovat auto? ['muhschu 'tadi 'saparkowat 'auto]

ICH HABE EINE PANNE	MĚL/-A JSEM PORUCHU ['mnjäl/-a ssäm 'poruchu]
Ich habe einen Platten.	Píchnul jsem. ['pihchnul ssäm]
Würden Sie bitte den Pannendienst anrufen?	Zavolal/-a byste mi laskavě havarijní službu? ['sawolal/-a bisstä mi 'lasskawjä 'hawarijnjih 'ssluschbu]
Könnten Sie mir mit Benzin aushelfen?	Můžete mi prodat trochu benzinu? ['muhschätä mi 'proda'trochu 'bänsihnu]
Könnten Sie mir beim Reifenwechsel helfen?	Mohl/-a byste mi pomoct vyměnit kolo? ['mohl/-a bisstä mi 'pomozt 'wimnjänjit 'kolo]
Würden Sie mich bis zur nächsten Werkstatt abschleppen?	Odtáhl/-a byste mě s sebou k nejbližší dílně? ['otahch /'otahhla bisstä mnjä 'knäjbli-schih 'djihlnjä]

WO IST HIER IN DER NÄHE EINE WERK-STATT?	JE TADY NĚKDE BLÍZKO AUTOOPRAVNA? ['jä 'tadi njägdä 'blihssko 'auto,oprawna]
Mein Wagen springt nicht an.	Nemůžu nastartovat (motor). ['nämuhschu 'nasstartowat ('motor)]
Die Batterie ist leer.	Baterie je vybitá. [batär jä jä wibita]
Mit dem Motor stimmt was nicht.	S motorem něco není v pořádku. ['ssmotoräm 'njäzo nänjin 'fporschahtku]
Die Bremsen funktionieren nicht.	Nefungují mi brzdy. ['näfungujih mi 'brsdi]
… ist/sind defekt.	… je vadný/jsou vadné. [jä 'wadnih/ssou 'wadnäh]
Der Wagen verliert Öl.	Z motoru uniká olej. ['smotoru 'unjikah 'oläj]
Können Sie mal nachsehen?	Můžete se na to podívat? ['muhschätä ssä 'nato 'podjihwat]

Alles paletti!

Insider Tipp

Máme vymalováno ['maame wimalowaano] heißt zwar wörtlich „frisch gestrichen", aber häufig auch „Alles ist fertig" (vorbei, paletti).

Wechseln Sie bitte die Zündkerzen aus.	Vyměňte mi prosím svíčky. ['wimnjänjtä mi 'prossihm 'sswihtschki]
Was wird es kosten?	Kolik to bude stát? ['kolik to 'budä 'sstaht]

ES IST EIN UNFALL PASSIERT	STALA SE NEHODA ['sstala ssä 'nähoda]
Rufen Sie bitte schnell …	Zavolejte prosím rychle … ['sawoläjtä 'prossihm 'richlä]
einen Krankenwagen.	sanitku. ['ssanitku]
die Polizei.	policii. ['poliziji]
die Feuerwehr.	požárníky. ['poschahrnjihki]
Haben Sie Verbandszeug?	Máte obvazy? ['mahtä 'obwasi]
Es war meine/Ihre Schuld.	Byla to moje/vaše vina. ['bila to 'mojä/'waschä 'wina]
Sollen wir die Polizei holen, oder können wir uns so einigen?	Zavoláme policii nebo se dohodneme? ['sawolahmä 'poliziji 'näbo ssä 'dohodnämä]
Ich möchte den Schaden durch meine Versicherung regeln lassen.	Chtěl/-a bych dát škodu k likvidaci pojišťovně. [chtjäl/-a bich daht 'schkodu 'klikwidazi 'pojischtjownjä]
Geben Sie mir bitte Ihren Namen und Ihre Anschrift/Namen und Anschrift Ihrer Versicherung.	Napište mi prosím své jméno a adresu/jméno a adresu vaší pojišťovny. ['napischtä mi 'prossihm sswäh 'mähno a 'adrässu/'mähno a 'adrässu 'waschih 'pojschtjowni]
Vielen Dank für Ihre Hilfe.	Děkuji vám za pomoc. ['djäkuji wahm 'sapomoz]

AUTO-/MOTORRAD-/FAHRRAD-VERMIETUNG	PŮJČOVNA AUT/MOTOCYKLŮ/KOL [putschowna aut/motosiklu/kol]
Ich möchte für zwei Tage/eine Woche … mieten.	Chci si půjčit na dva dny/na týden … [chzi ssi 'putschit 'nadwa 'dni/'natihdän]
einen (Gelände-)Wagen	(terénní) automobil. [('tärähnjih) 'automobil]
ein Motorrad	motorku. ['motorku]

einen Motorroller	skútr. [sskuhtr]
ein Moped	moped. ['mopät]
ein Mofa	motokolo. ['motokolo]
ein Fahrrad	kolo. ['kolo]
Wie hoch ist die Tages- / Wochenpauschale?	Kolik dělá poplatek za den/za týden? ['kolig 'djälah 'poplatäg 'sadän/'satihdän]
Wie viel verlangen Sie pro gefahrenen km?	Kolik se platí za ujetý kilometr? ['kolik ssä 'platjih 'sa ujätih 'kilomätr]
Ist das Fahrzeug vollkaskoversichert?	Je to auto plně havarijně pojištěné? ['jä to 'auto 'plnjä 'hawarijnjä 'pojschtjänäh]
Ist es möglich, das Fahrzeug in ... abzugeben?	Můžu to auto vrátit v ...? ['muhschu to auto wrahtjit 'w/f/wä]

Abblendlicht	tlumená/potkávací světla ['tlumänah/'potkahwazih 'sswjätla]
abschleppen	odtáhnout ['otahhnout]
Abschlepp|seil	vlečné lano ['wlätschnäh 'lano]
~wagen	odtahový vůz ['otahowih 'wuhss]
Ampel	semafor ['ssämafor], světla *pl* ['sswjätla]
Anlasser	startér ['sstartähr]
Autobahn	dálnice ['dahlnjizä]
Automatikgetriebe	automatická převodovka ['automatizkah 'prschäwodofka]
Baustelle	staveniště ['sstawänjischtjä]
Benzin	benzín ['bänsihn]
~kanister	kanystr (na benzín) ['kanisstr ('nabänsihn)]
Bremsbelag	brzdové obložení ['brsdowäh 'obloschänjih]
Bußgeld	pokuta ['pokuta]
Defekt	porucha ['porucha], defekt ['däfäkt]
Dichtung	těsnění ['tjässnjänjih]
Fahrrad	(jízdní) kolo [('jihsdjnjih) 'kolo]
Fahrspur	jízdní pruh ['jihsdjnjih 'pruch]
Fernlicht	dálkové světlo ['dahlkowäh 'sswjätlo]
Flickzeug	souprava na lepení duší ['ssouprawa 'naläpänjih 'duschih]
Führerschein	řidičský průkaz ['rschidjitschsskih 'pruhkass]
Fußbremse	nožní brzda ['noschnjih 'brsda]
Gang	převodový stupeň ['prschäwodowih 'sstupänj], rychlost ['richlosst]
~schaltung	řazení (rychostí) [rschasänjih ('richlosstjih)]
Gaspedal	akcelerátor ['akzälärahtor], plynový pedál ['plinowih 'pädahl], plyn [plin]
gebrochen	zlomený ['slomänih]
Gepäckträger	*(Auto)* zahrádka ['sahrahtka]; *(Fahrrad)* nosič ['nossitsch]

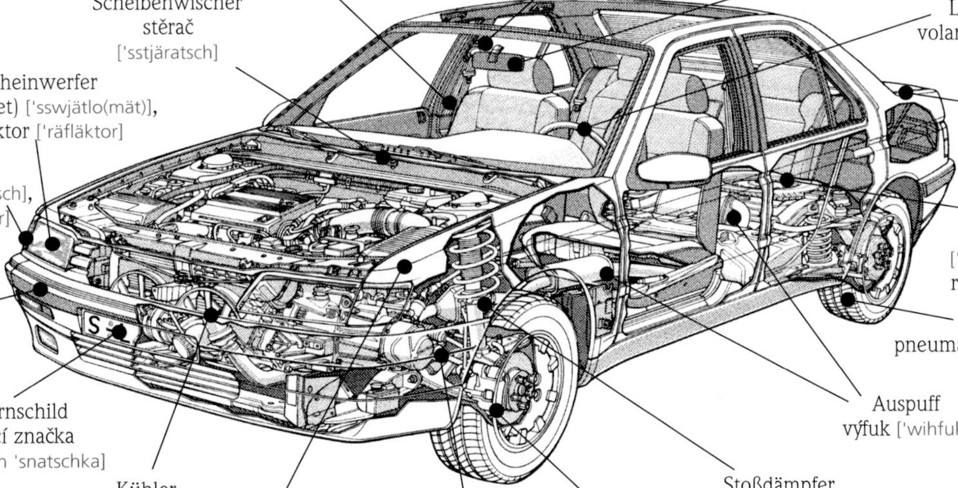
Sicherheitsgurt
bezpečnostní pás
['bässpätschnosstjnjih 'pahss]
Windschutzscheibe
přední sklo
['prschädjnjih 'ssklo]
Rückspiegel
zpětné zrcátko
['sspjätnäh 'srzahtko]
Scheibenwischer
stěrač
['sstjäratsch]
Lenkrad
volant ['wolant]
Scheinwerfer
světlo(met) ['sswjätlo(mät)],
reflektor ['räfläktor]
Kofferraum
zavazadlový prostor
['sawasadlowih 'pros-
stor], kufr ['kufr]
Blinker
blikač ['blikatsch],
blinkr ['blinkr]
Ersatzrad
rezervní kolo
['räsärwnjih 'kolo],
rezerva ['räsärwa]
Autoreifen
pneumatika ['pnäumatika]
Stoßstange
nárazník
['nahrasnjihk]
Nummernschild
poznávací značka
['posnahwazih 'snatschka]
Auspuff
výfuk ['wihfuk]
Kühler
chladič
['chladjitsch]
Kotflügel
blatník
['blatnjihk]
Achse
osa ['ossa],
náprava ['nahprawa]
Bremse
brzda
['brsda]
Stoßdämpfer
tlumič
['tlumitsch]

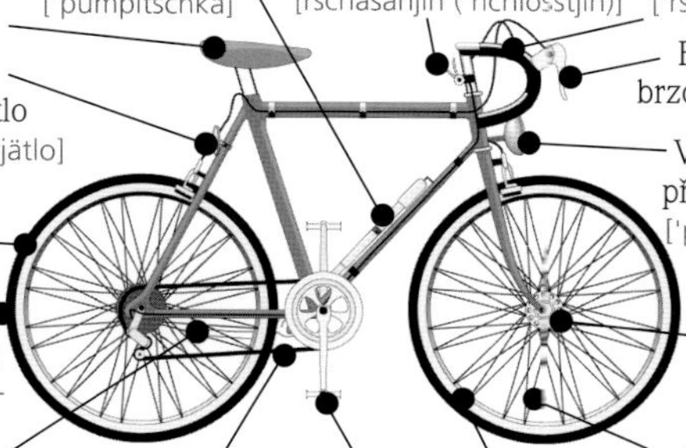

Getriebe	převodovka ['prschäwodofka]
Handbremse	ruční brzda ['rutschnjih 'brsda]
Heizung	topení ['topänjih]
Hupe	houkačka ['houkatschka], klaxon ['klakson]
Kabel	kabel ['kabäl]
Karosserie	karosérie ['karossährijä]
Keilriemen	klínový řemen ['klihnowih 'rschämän]
Klingel	zvonek ['swonäk]
Kreuzung	křižovatka ['krschischowatka]
Kühlwasser	chladicí kapalina ['chladjizih 'kapalina]
Kupplung	spojka ['sspojka]
Kurve	zatáčka ['satahtschka]
Kurzschluss	zkrat ['sskrat], kraťas ['kratjass]
Landstraße	silnice ['ssilnjizä]
Lastwagen	nákladní automobil ['nahkladjnjih 'automobil], náklaďák ['nahkladjahk]
Lichtmaschine	dynamo ['dinamo]
Motor	motor ['motor]
~haube	kapota motoru ['kapota 'motoru]
~rad	motocykl ['motozikl], motorka ['motorka]
~roller	skútr ['sskuhtr]
Notrufsäule	telefon pro tísňové volání ['täfäfon 'protjihssnjowäh wolahnjih]
Oktanzahl	oktanové číslo ['oktanowäh 'tschihsslo]
Öl	olej ['oläj]
~wechsel	výměna oleje ['wihmnjäna 'oläjä]
Panne	defekt ['däfäkt], porucha ['porucha]
Pannendienst	nehodová/havarijní služba ['nähodowah/'hawarijnjih 'ssluschba]
Papiere	doklady ['dokladi], papíry ['papihri]

Raserei

Das Straßennetz wurde in den letzten Jahren kontinuierlich verbessert und ausgebaut, was manch einen zum schnellen Fahren einlädt. Doch aufgepasst. Überall gelten Geschwindigkeitsbegrenzungen: auf Autobahnen 130, auf Landstraßen 90 und in Ortsdurchfahrten 60. Und die Polizei greift strikt durch.

Park|haus .... parking ['parkink]
~platz .... parkoviště ['parkowischtjä]
Plattfuß .... píchlá guma/pneumatika ['pihchlah 'guma/'pnäumatika]
Promille .... promile ['promilä]
PS .... koňská síla ['konjsskah 'ssihla], HP ['hah,päh]
Radarkontrolle .... radarová kontrola ['radarowah 'kontrola]
Radkreuz .... klíč na kola ['klihtsch 'nakola]
Rastplatz .... odpočívadlo ['otpotschihwadlo]
Schalthebel .... řadicí páka ['rschadjizih 'pahka]
Schiebedach .... posuvná střecha ['possuwnah 'sstrschächa]
Schraube .... šroub [schroup]
Schraubenschlüssel .... klíč na šrouby ['klihtsch 'naschroubi]
Schutzblech .... plechový kryt ['plächowih 'krit]
Sicherung .... pojistka ['pojsstka]
Starthilfekabel .... kabel pro pomoc při startování ['kabäl 'propomoz 'prschisstartowahnjih]
Stau .... dopravní zácpa ['doprawnjih 'sahzpa]
Steckschlüssel .... nástrčkový klíč ['nahsstrtschkowih 'klihtsch]
Straße .... *(Wohnstraße)* ulice ['ulizä], *(Fahrstraße)* silnice ['ssilnjizä]
Straßenkarte .... (silniční) mapa [('ssilnjitschnjih)'mapa]
Sturzhelm .... ochranná přilba ['ochranah 'prschilba], helma ['hälma]
Tankstelle .... benzínová pumpa ['bänsihnowah 'pumpa]
trampen .... stopovat ['sstopowat]
Tramper .... stopař ['sstoparsch]
Umleitung .... objížďka ['objihschtjka]
Ventil .... ventil ['wäntil]
Versicherungskarte, grüne .... zelená karta pojištění ['sälänah 'karta 'poj(i)schtjänjih]
Vollkasko .... plná havarijní pojistka ['plnah hawarijnjih 'pojsstka]
Wagen|heber .... zvedák ['swädahk], hever ['häwär]
Wagenwäsche .... mytí aut ['mitjih aut]
Warn|blinker .... výstražná světla ['wihsstraschnah 'sswjätla]
~dreieck .... výstražný trojúhelník ['wihsstraschnih 'troj uhhälnjihk]

Wegweiser	silniční ukazatel ['ssilnjitschnjih 'ukasatäl], směrovka ['ssmnjärofka]
Werk|statt	dílna ['djihlna], opravna ['oprawna]
~zeug	nářadí ['nahrschadjih]
Winterreifen	zimní pneumatiky ['simnjih 'pnäumatiki]
Zünd|kerze	(zapalovací) svíčka [(sapalowazih) 'sswihtschka]
~schloss	zámek zapalování ['sahmäk 'sapalowahnjih]
~schlüssel	klíč zapalování ['klihdsch 'sapalowahnjih]
Zündung	zapalování ['sapalowahnjih]
Zylinder	válec ['wahläz]

... MIT DEM FLUGZEUG

ABFLUG — ODLET ['odlät]

Wo ist der Schalter der ... -Fluggesellschaft?	Kde je přepážka letecké spo-lečnosti ...? ['gdä jä 'prschäpahschka 'lätäzkäh 'sspolätschnosstji]
Wann fliegt die nächste Maschine nach ...?	Kdy letí příští letadlo do ...? ['gdi 'lätjih 'prschihschtjih 'lätadlo 'do]
Ich möchte einen Flug / Hin- und Rückflug nach ... buchen.	Prosil bych rezervovat let/zpáteční let do ... ['prossihl bich 'räsärwowat 'lät/'sspahtätschnjih 'lät 'do]
Sind noch Plätze frei?	Jsou ještě volná místa? ['ssou '(j)äschtjä 'wolnah 'mihssta]
Nichtraucher, bitte.	Nekuřák, prosím. [nekurschak 'prossihm]
Ich möchte diesen Flug stornieren/umbuchen.	Chtěl/-a bych stornovat/změnit tenhle let. ['chtjäl/-a bich 'sstornowat/'smnjänjit 'tänhlä 'lät]
Wann muss ich am Flughafen sein?	V kolik hodin musím být na letišti? ['fkolig 'hodjin 'mussim 'biht 'nalätjischtji]
Kann ich das als Handgepäck mitnehmen?	Můžu si to vzít jako příruční zavazadlo? ['muhschu ssi to 'wsiht jako 'prschihrutschnjih 'sawasadlo]
Hat die Maschine nach ... Verspätung?	Má letadlo do ... zpoždění? ['mah 'lätadlo 'do ... 'ssposchdjänjih]

ANKUNFT — PŘÍLET [prschilät]

Mein Gepäck ist verloren gegangen.	Ztratilo se mi zavazadlo. ['sstratjilo ssä mi 'sawasadlo]
Mein Koffer ist beschädigt worden.	Můj kufr byl poškozen. [muhj 'kufr bil 'poschkosän]

Vorsicht Nepp!

Vor dem Flughafen warten Taxis, die oft unverschämte Preise kassieren. Man kann mit dem normalen Linienbus in die Innenstadt (zur Metrohaltestelle Dejvická ['däjwitskaa] ca. 15 Minuten) gelangen. Der Flughafen ist nur ca. 8 km vom Zentrum entfernt.

Ankunftszeit	doba příletu ['doba 'prschihlätu]
Anschluss	spojení ['sspojänjih]
anschnallen, sich	připoutat se ['prschipoutat ssä]
Anschnallgurt	bezpečnostní pás ['bässpätschnosstjnjih 'pahss]
Besatzung	posádka ['possahtka]
an Bord	na palubě ['napalubjä]
Bordkarte	palubka ['palupka], palubní lístek ['palubnjih 'lihsstäk]
Buchung	rezervace ['räsärwazä]
Charterflug	charter ['tschahrtr]
Direktflug	přímý let ['prschihmih 'lät]
einchecken	odbavit ['odbawit]
Fenstersitz	sedadlo u okénka ['ssädadlo 'u okähnka]
Flug	let [lät]
~gesellschaft	letecká společnost ['lätäzkah 'sspolätschnosst]
~strecke	trasa letu ['trassa 'lätu]
~zeug	letadlo ['lätadlo]
Gepäck	zavazadlo ['sawasadlo]
~abfertigung	odbavení zavazadel ['odbawänjih 'sawasadäl]
~ausgabe	výdej zavazadel ['wihdäj 'sawasadäl]
Handgepäck	příruční zavazadlo ['prschihrutschnjih 'sawasadlo]
Kapitän	kapitán ['kapitahn]
Landung	přistání ['prschisstahnjih]
Linienflug	linkový let ['linkowih lät], linka ['linka]
Nichtraucher	nekuřák *sing*/nekuřáci *pl* ['näkurschahk/'näkurschahzi]
Notlausgang	nouzový východ/výstup ['nousowi 'wihchot/'wihsstup]
~landung	nouzové přistání ['nousowäh 'prschisstahnjih]
~rutsche	nouzová skluzavka ['nousowah 'sskusafka]
Passagier	pasažér ['passaschähr], cestující ['zässtujihzih]
Pilot/in	pilot/ka ['pilot/ka]
planmäßiger Abflug	odlet podle letového řádu ['odlät 'podlä 'lätowähho 'rschahdu]
Raucher	kuřák *sing*/kuřáci *pl* ['kurschahk/'kurschahzi]
Schalter	okénko ['okähnko], přepážka [prschäpahschka]

Schwimmweste .... plovací/záchranná vesta ['plowazih/'sahchranah 'wässta]
Sicherheitskontrolle ..... bezpečnostní kontrola ['bässpätschnosstjnjih 'kontrola]
Steward/ess .... stevard/letuška ['sstäwart/'lätuschka]
stornieren .... stornovat ['sstornowat], zrušit ['sruschit]
umbuchen .... změnit rezervaci ['smnjärjit 'räsärwazi]
Verspätung .... zpoždění ['ssposchdjänjih]
zollfreier Verkauf .... bezcelní prodej ['bässzälnjih 'prodäj]
Zwischenlandung ...... mezipřistání ['mäsi,prschisstahnjih]

... MIT DER EISENBAHN

ABFAHRT	ODJEZD ['odjässt]
Wann fährt der nächste Zug nach ...?	Kdy jede další vlak do ...? ['gdi jede dalschi wlag do]
Eine Fahrt 2. Klasse/ 1. Klasse nach ..., bitte.	Prosím jízdenku druhé třídy/první třídy do ... ['prossihm 'jihsdänku 'druhäh 'trschihdi/ 'prwnjih 'trschihdi do]
Zweimal ... hin und zurück, bitte.	Dvakrát zpáteční prosím. ['dwakraht 'sspahtätschnjih 'prossihm]
Gibt es eine Ermäßigung für Kinder?	Je na děti sleva? ['jä 'nadjätji 'ssläwa]
Gibt es eine Ermäßigung für Studenten?	Je pro studenty sleva? ['jä 'prosstudänti 'ssläwa]
Bitte eine Platzkarte für den Zug um ... Uhr nach ...	Prosím místenku na vlak do ... v ... hodin. ['prossih'mihsstänku 'nawlag'do ... 'w ... hodjin]
Ich möchte diesen Koffer als Reisegepäck aufgeben.	Tento kufr chci podat jako spoluzavazadlo. ['tänto 'kufr 'chzi 'podat jako 'sspolu,sawasadlo]
Wo kann ich mein Fahrrad aufgeben?	Kde můžu podat kolo? ['gdä 'muhschu 'podat 'kolo]
Hat der Zug aus ... Verspätung?	Má vlak z/ze ... zpoždění? ['mah 'wlak 'ss/sä ... 'ssposchdjänjih]
Habe ich in ... Anschluss nach ...?	Mám v/ve ... spojení do ...? ['mahm 'f/wä ... 'sspojänjih 'do]
(Wo) Muss ich umsteigen?	(Kde) Musím přestupovat? [('gdä) 'mussihm 'prschässtupowat]
Von welchem Gleis fährt der Zug nach ... ab?	Ze které koleje jede vlak do ...? ['sä ktäräh 'koläjä 'jädä 'wlag 'do]

Zügig zum Ziel

Es gibt von Prag aus Bus- und Bahnverbindungen zu fast allen Ortschaften des Landes. Die Zugbahnhöfe sind bequem mit der Metro zu erreichen. Die wichtigsten Bahnhöfe sind der Hauptbahnhof – Hlavní nádraží ['hhlawnjii 'naadraschii], auch „Wilsonovo nádraží" genannt; Masarykovo nádraží ['massarikowo 'naadraschii] im Zentrum, oder Nádraží Smíchov ['naadraschii 'ssmiichov] im Südwesten vom Zentrum bzw. Nádraží Holešovice ['naadraschii 'holäschowitsä] (Metro C, Endhaltestelle).
Busbahnhöfe sind Florenc ['floränts], Smíchov [ssmiichov] und für die Stadtrandgebiete von Prag sind die Bushaltestellen meist an den gleichnamigen (End)haltestellen der Metro, Českomoravská ['tschäskomoravskaa], Skalka ['skalka]. Nové Butovice ['nowää 'butowitsä] usw.

IM ZUG	VE VLAKU [wä wlaku]
Verzeihung, ist dieser Platz frei?	Promiňte, je toto místo volné? ['prominjtä 'jä 'toto 'mihssto 'wolnäh]
Hält dieser Zug in ...?	Staví tento vlak v/ve ...? ['sstawih 'tänto 'wlak 'f/wä]

Abfahrt . . . . odjezd ['odjässt]
Abfahrtszeit . . . . doba odjezdu ['doba 'odjäsdu]
Abteil . . . . oddělení ['odjälänjih]
ankommen . . . . přijet ['prschijät]
Aufenthalt . . . . pobyt ['pobit]
aussteigen . . . . vystoupit ['wisstoupit]

Wie heißt das Land?

Der Staat heißt „Tschechische Republik" „Česká republika" ['tschäskaa 'räpublika]. Manche bezeichnen das Land noch als „Tschechei" , das Volk als die Böhmen, das auch böhmisch spricht. Diese Ausdrucksweise erinnert stark an die Hitlerzeit, weshalb man sie vermeiden sollte.
„Böhmen" ist ein geografischer Begriff für den größeren Teil im Westen (Čechy ['tschächi]); die Region im Osten heißt „Mähren" (Morava ['morawa]). Akzeptiert wird auch „Tschechien" („Česko") anstelle von „Tschechische Republik".

Böhmisches Dorf

Insider Tipp

In Böhmen gibt es keine „böhmischen Dörfer"; die befinden sich nach Meinung der Tschechen in Spanien: „To je pro mě španělská vesnice." ['tojä 'promnjä 'schpanjälskaa 'wässnjitsä] („Das ist für mich ein spanisches Dorf.").

Bahn|hof	nádraží ['nahdraschih]
~hofsrestaurant	nádražní restaurace ['nahdraschnjih 'rässtaurazä]
besetzt	obsazeno ['opsasäno]
D-Zug	přímý (dálkový) rychlík ['prschihmih ('dahlkowih) 'richlihk]
Eilzug	rychlík ['richlihk]
einsteigen	nastoupit *pf* ['nasstoupit], nastupovat *ipf* ['nasstupowat]
Eisenbahn	železnice ['schäläsnjizä], dráha [drahha]
Ermäßigung	sleva ['ssläwa]
Fahr|karte	jízdenka ['jihsdänka]
~kartenschalter	jízdenková pokladna ['jihsdänkowah 'pokladna], prodej jízdenek ['prodä'jihsdänäk]
~plan	jízdní řád ['jihsdjnjih 'rschaht]
~preis	cena jízdenky ['zäna 'jihsdänki]
Fensterplatz	místo u okna ['mihssto 'u okna]
frei	volno ['wolno]
Gepäck	zavazadla *pl* ['sawasadla]
~aufbewahrung	úschovna (zavazadel) ['uhss chowna ('sawasadäl)]
~schein	podací lístek (na zavazadla) ['podazih 'lihsstäk ('nasawasadla)]
~schließfach	(uzamykatelná) přihrádka na zavazadla [('usamikatälnah) prschihrahtka 'nasawasadla]
Gleis	kolej ['koläj]
Hauptbahnhof	hlavní nádraží ['hlawnjih 'nahdraschih]
Kinderfahrkarte	dětská jízdenka ['djäzkah 'jihsdänka]
Liegewagenkarte	lehátko ['lähahtko]
Nichtraucherabteil	nekuřácké kupé ['näkurschahzkäh 'kupäh]
Notbremse	záchranná brzda ['sahchranah 'brsda]
Platzkarte	místenka ['mihsstänka]
Raucherabteil	kuřácké kupé ['kurschahzkäh 'kupäh]
Reservierung	rezervování ['räsärwowahnjih]
Rückfahrkarte	zpáteční jízdenka ['sspahtätschnjih 'jihsdänka]
Schlafwagenkarte	lůžko ['luhschko]
Speisewagen	jídelní vůz ['jihdälnjih 'wuhss]
Toilette	toaleta ['toaläta]
Wartesaal	čekárna ['tschäkahrna]
Zuschlag	příplatek ['prschihplatäk]

... MIT DEM SCHIFF

DAMPFER-ANLEGESTELLE	PŘÍSTAVIŠTĚ PARNÍKŮ [prschistawischtjä parnjiku]
Wo/Wann fährt das nächste Schiff/die nächste Fähre nach ... ab?	Kde/Kdy jede příští loď/přívoz? ['gdä/'gdi 'jädä 'prschihschtjih 'lotj/ 'prschihwoss]
Wann legen wir in ... an?	Kdy zakotvíme v/ve ...? ['gdi 'sakotwihmä 'f/wä]
Ich möchte eine Schiffskarte nach ...	Chtěl/-a bych lístek na loď do ... ['chtjäl/-a bich 'lihsstäk 'nalodj 'do]
Ich möchte eine Karte für die Rundfahrt um ... Uhr.	Chtěl/-a bych lístek na okružní jízdu v/ve ... hodin. ['chtjäl/-a bich 'lihsstäk 'na okruschnjih jihsdu 'f/wä ... 'hodjin]

AN BORD	NA PALUBĚ [napalubjä]
Wo ist ...	Kde je ... ['gdä jä ...]
der Speisesaal?	jídelna? ['jihdälna]
der Aufenthaltsraum?	společenská místnost? ['sspolätschänsskah 'misstnosst]
Ich fühle mich nicht wohl.	Není mi dobře. ['nänjih mi 'dobrä], Je mi nevolno. ['jä mi 'näwolno]
Geben Sie mir bitte ein Mittel gegen Seekrankheit.	Dejte mi prosím něco proti mořské nemoci. ['däjtä mi 'prossihm njäzo 'protji 'morschsskäh 'nämozi]

Anlegeplatz	kotviště ['kotwischtjä]
an Bord	na palubě ['napalubjä]
Buchung	rezervace (jízdenky) ['räsärwazä ('jihsdänki)]
Dampfer	parník ['parnjihk]
Deck	paluba ['paluba]
Fähre	trajekt ['trajäkt], přívoz ['prschihwoss]
Fahrkarte	jízdenka ['jihsdänka]
Hafen	přístav ['prschihsstaf]
Motorboot	motorový člun ['motorowih 'tschlun]
Rettungs|boot	záchranný člun ['sahchranih 'tschlun]
~ring	záchranný kruh ['sahchranih 'kruch]
Ruderboot	veslice ['wässlizä], pramice ['pramizä]
Schwimmweste	plovací vesta ['plowazih 'wässta]
Seekrankheit	mořská nemoc ['morschsskah 'nämoz]
Steward	stevart ['sstäwart]

Essen & Trinken
Die Speisekarte, bitte

Von der erträglichen Leichtigkeit des Seins ist bei der tschechischen Küche nicht viel zu spüren. Sie ist der österreichischen und bayrischen sehr ähnlich und für ihre deftigen Gerichte berühmt.
Egal wie zubereitet, aber Fleisch muss sein. Ob mit Knödeln, Kartoffeln oder Reis, Hauptsache viel. Ein paar fleischlose Gerichte gibt es natürlich auch: Probieren Sie z. B. mal Scheiterhaufen (žemlovka ['schämlovka] – überbackene Semmeln mit süßem Quark, Rosinen und Äpfeln). Und auf jeden Fall die hausgemachten Knödel aus Semmeln, Kartoffeln oder Hefeteig, die mit den unterschiedlichsten Zutaten serviert werden.

Was darf es sein?

In Tschechien findet man folgende Arten von Gaststätten:
bufet [bufät] : Imbissstube. Hier gibt es belegte Brote, oft auch Kekse und Zigaretten.
cukrárna [zukrahrna] : Konditorei- und Süßwaren
hospoda [hosspoda] : Kneipe
kavárna [kawahrna] : Café
pivnice [piwnizä] : Bierkeller, in dem man die berühmten tschechischen Biere genießen kann
restaurace [rässtaurazä] : Speiselokal
rychlé občerstvení [richläh obtschärsstwänjih] : (Steh-)Imbiss mit leckeren kleinen Gerichten
samoobsluha [ssamo-opsluha] : Selbstbedienungsrestaurant
vinárna [winahrna] : Weinstube

Wir gehen essen

Wo gibt es hier …	Kde je tady … ['gdä jä 'tadi]
ein gutes Restaurant?	nějaká dobrá restaurace? ['njäjakah 'dobrah 'rässtaurazä]
ein typisches Restaurant?	typická restaurace? ['tipizkah 'rässtaurazä]
Reservieren Sie uns bitte für heute Abend einen Tisch für 4 Personen.	Rezervujte nám prosím na dnes večer stůl pro čtyři osoby. ['räsärwujtä nahm 'prossihm 'nadnäss 'wätschär 'sstuhl 'proschtirschi 'ossobi]
Ist dieser Platz noch frei?	Je tohle místo ještě volné? ['jä tohlä 'mihssto '(j)äschtjä 'wolnäh]
Auf Ihr Wohl!	Na vaše zdraví! ['nawaschä 'sdrawih]
Darf ich rauchen?	Smím si zapálit? ['ssmihm ssi 'sapahlit]

BESTELLUNG	**OBJEDNÀVKA** ['objädnahfka]
Herr Ober/Bedienung,	Pane vrchní/slečno, ['panä 'wrchnjih/'sslätschno]
die Speisekarte, bitte.	prosím jídelní lístek. ['prossihm 'jihdälnjih 'lihsstäk]
Was können Sie mir empfehlen?	Co byste mi doporučil/-a? ['zo ˌbisstä mi 'doporutschil/-a]
Welche sind die typischen Gerichte der tschechischen Küche?	Jaká jsou typická česká jídla? ['jakah ssou 'tipizkah 'tschässkah 'jihdla]
Ich nehme …	Dal/-a bych si … ['dal/-a bich ssi]

Wir haben leider kein/e ... (mehr).	... bohužel (už) nemáme. ['bohuschäl (usch) 'nämahmä]
Was wollen Sie trinken?	Co budete pít? [zo 'budätä 'piht]
Bitte ein Glas ...	Prosím sklenici ... ['prossihm 'ssklänjizi]
Bitte eine Flasche ...	Prosím láhev ... ['prossihm 'lahhäf]
Bitte bringen Sie uns ...	Přineste nám prosím ... ['prschinässtä nahm 'prossihm]

„Herr Ober, ...!"

Den männlichen Kellner ruft man „pane vrchní" ['panä'wrchnji] („Herr Ober"), eine Frau „mladá paní" ['mladah'panji] („junge Frau").

REKLAMATION	REKLAMACE [räklamazä]
Haben Sie mein/e ... vergessen?	Nezapomněl/-a jste na můj/na mou/na mé...? ['näsapomnjäl/-a sstä 'namuhj/'namou/'namäh]
Das habe ich nicht bestellt.	To jsem si neobjednal/-a. ['to ssäm ssi 'nä objädnal/-a]

BEZAHLEN, BITTE	PLATIT PROSÍM ['platjit prossihm]
Bitte alles zusammen.	Prosím všechno dohromady. ['prossihm 'fschächno 'dohromadi]
Getrennte Rechnungen, bitte.	Platíme každý zvlášť. ['platjihmä 'kaschdih 'swlahschtj]
Hat es geschmeckt?	Chutnalo vám? ['chutnalo wahm]
Das Essen war ausgezeichnet.	Bylo to výborné. ['bilo to 'wihbornäh]
Das ist für Sie.	To je pro vás. ['to jä 'prowahss]
Es stimmt so.	To je v pořádku. ['to jä 'fporschahtku]

Abendessen	večeře ['wätschärschä]
Beilage	příloha ['prschihloha] ⇒ S. 46
Besteck	příbor ['prschihbor]
Bestellung	objednávka ['objädnahfka]
Diabetiker/in	diabetik/diabetička ['dijabätik/'dijabätitschka]
durchgebraten	propečený ['propätschänih]
Essig	ocet ['ozät]
frisch	čerstvý ['tschärsstwih]
Frühstück	snídaně ['ssnjihdanjä] ⇒ S. 42, 43
Gabel	vidlička ['widlitschka]

Zweierlei

Insider Tipp

Trouba ['trouba] ist nicht nur ein Backofen, sondern auch ein Trottel.

gebacken .... pečený ['pätschänih]
gebraten .... pečený ['pätschänih], smažený ['ssmaschänih], opékaný ['opähkanih]
geräuchert .... uzený ['usänih]
Gericht .... pokrm ['pokrm], jídlo ['jihdlo]
Getränk .... nápoj ['nahpoj] ⇒ S. 42, 47f.
Gewürz .... koření ['korschänjih]
Glas .... sklenice ['ssklänjizä]
Hauptspeise .... hlavní jídlo ['hlawnjih 'jihdlo] ⇒ S. 44f.
hausgemacht .... domácí ['domahzih]
heiß .... horký ['horkih]
kalt .... studený ['sstudänih]
Kellner/in .... číšník/číšnice ['tschihschnjihk/'tschihschnjizä]
Kinderteller .... dětská porce ['djäzkah 'porzä]
Koch/Köchin .... kuchař/ka ['kucharsch/ka]
kochen .... vařit ['warschit]
Löffel .... lžíce ['lschihzä]
Menü .... menu ['mänih]
Messer .... nůž [nuhsch]
Mittagessen .... oběd ['objät]
Nachtisch .... moučník ['moutschnjihk], dezert ['däsärt] ⇒ S. 46
Ober *(Anrede)* .... pane vrchní ['panä 'wrchnjih]
Öl .... olej ['oläj]
Pfeffer .... pepř [päprsch]
Portion .... porce ['porzä]
roh .... syrový ['ssirowih]
Salz .... sůl [ssuhl]
sauer .... kyselý ['kissälih]
scharf .... ostrý, -ře ['osstrih -rschä]
Soße .... omáčka ['omahtschka]
Speisekarte .... jídelní lístek ['jihdälnjih 'lihsstäk] ⇒ S. 43ff.
Spezialität .... specialita ['sspäzijalita]
Suppe .... polévka ['polähfka] ⇒ S. 44
süß .... sladký ['sslatkih]
Teller .... talíř ['talihrsch]
Trinkgeld .... spropitné ['sspropitnäh]
Vorspeise .... předkrm ['prschätkrm] ⇒ S. 43f.
Wasser .... voda ['woda]
Zucker .... cukr ['zukr]

Bilder
zum Zeigen
Gemüse

Obst

Seafood

Bilder
zum Zeigen

Frühstück

Getränke

Jídelní lístek
Speisekarte

Snídaně	Frühstück
černá káva ['tschärnah 'kahwa]	schwarzer Kaffee
bílá káva/káva s mlékem ['bihlah 'kahwa/'kahwa 'ssmlähkäm]	Kaffee mit Milch
káva bez kofeinu ['kahwa 'bässkofäjinu]	koffeinfreier Kaffee
čaj s mlékem/s citrónem [tschaj 'ssmlähkäm/'sszitrohnäm]	Tee mit Milch/Zitrone
bylinkový čaj ['bilinjkowih 'tschaj]	Kräutertee
čokoláda ['tschokolahda]	Schokolade
kakao ['kakao]	Kakao
džus ['dschuss]	Fruchtsaft
vajíčko na měkko ['wajihtschko 'namnjäko]	weiches Ei
míchaná vejce ['mihchanah wäjzä]	Rühreier
vejce na slanině ['wäjzä 'nasslanjinjä]	Eier mit Speck
chleba ['chläba]	Brot
housky [houssski]	Brötchen
toust [tousst]	Toast
rohlík ['rohlihk]	Hörnchen
máslo ['mahsslo]	Butter
sýr [ssihr]	Käse
salám ['ssalahm]	Wurst
šunka [schunka]	Schinken
med [mät]	Honig
džem [dschäm]	Marmelade
müsli ['mihssli]	Müsli
jogurt ['jogurt]	Jogurt
ovoce ['owozä]	Obst

Studené předkrmy	Kalte Vorspeisen
Chřest zapečený v šunce ['chrschäsd 'sapätschänih 'fschunzä]	Spargel mit Schinken überbacken
Pražská šunka ['praschsskah 'schunka]	Prager Schinken
Šunková rolka se šlehačkou a křenem ['schunkowah 'rolka 'ssäschlähatschkou a 'krschänäm]	Schinkenröllchen mit Sahne-Meerrettich
Toasty se žampiony ['tousstih 'ssäschampijohni]	Champignons auf Toast

Polévky	Suppen
Bramboračka ['bramboratschka]	Kartoffelsuppe
Hovězí vývar (hovězí maso, zelenina, játrová rýže) ['howjäsih wihwar ('howjäsih 'masso 'sälänjina 'jahtrowah 'rihschä)]	Rinderbrühe (Fleisch, Gemüse und Leberreis)
Hovězí vývar, vejce, zelenina ['howjäsih 'wihwar 'wäjzä 'sälänjina]	Rinderbrühe mit Ei und Gemüse
Žampionový krém ['schampijohnowih 'krähm]	Champignoncremesuppe

Saláty	Salate
Hlávkový salát ['hlahfkowih 'ssalaht]	Kopfsalat
Pikantní zelný ['pikanjtjnjih 'sälnih]	Pikanter Krautsalat
Tomatový s vejcem ['tomatowih 'sswäjzäm]	Tomatensalat mit Ei

Bezmasá jídla	Fleischlose Gerichte
Vaječná omeleta se sýrem a žampiony, vařené brambory ['wajätschnah 'omäläta 'ssässihräm a 'schampijohni 'warschänäh 'brambori]	Eieromelett mit Käse, Champignons und Salzkartoffeln
Zeleninová mísa, sázené vejce, vařené brambory ['sälänjinowah 'mihssa 'ssahsänäh 'wäjzä 'warschänäh 'brambori]	Gemüseplatte mit Spiegelei und Salzkartoffeln

Ryby	Fisch
Kapr na kmíně, vařené brambory ['kapr 'nakmihnjä 'warschänäh 'brambori]	Karpfen auf Kümmel mit Salzkartoffeln
Kapr na slanině, vařené brambory ['kapr 'nasslanjinjä 'warschänäh 'brambori]	Karpfen auf Speck mit Salzkartoffeln
Kapr smažený, labužnický salát ['kapr 'ssmaschänih 'labuschnjizkih 'ssalaht]	Panierter Karpfen, Kartoffelsalat mit Gemüse und Schinken
Pstruh na mandlích, vařené brambory ['pstruch 'namandlihch 'warschänäh 'brambori]	Forelle auf Mandeln mit Salzkartoffeln
Pstruh po mlynářsku, vařené brambory ['pstruch 'pomlinahrschssku 'warschänäh 'brambori]	Forelle nach „Müller" Art mit Salzkartoffeln

Drůbež	Geflügel
Kachna pečená, červené zelí, bramborové knedlíky ['kachna 'pätschänah 'tschärwänäh 'sälih 'bramborowäh 'knädlihki]	Gebratene Ente, Rotkraut und Kartoffelknödel
Kuře pečené na víně, smažené hranolky ['kurschä 'pätschänäh 'nawihnjä 'ssmaschänäh 'hranolki]	Huhn in Wein gebraten mit Pommes frites

Pečená husa, knedlík, zelí 'hussa 'knäd['pätschänah lihk 'sälih]	Bratgans mit Knödeln und Sauerkraut
Pečené kuře, brambory a kompot ['pätschänäh 'kurschä 'brambori a 'kompot]	Brathuhn mit Kartoffeln und Kompott

Národní jídla	Nationalgerichte
Guláš s chlebem / s bramborem ['gulahsch 'ss chläbäm/'sbramboräm]	Gulasch mit Brot/Kartoffeln
Svíčková na smetaně s knedlíkem ['sswihtschkowah 'nassmätanjä 'ssknädlihkäm]	Rinderlende in Sahnesoße mit Knödeln
Španělský ptáček, dušená rýže ['schpanjälsskih 'ptahtschäk 'duschänah 'rihschä]	Gefüllte Rindsroulade (Gurke, Speck, Ei) mit Reis
Staročeské zelí obložené (pečená kachna, uzená krkovička, pečená vepřová kýta, slanina), houskové, bramborové, špekové knedlíky ['sstarotschässkäh 'sälih 'obloschänäh ('pätschänah 'kachna 'usänah 'krkowitschka 'pätschänah 'wäprschowah 'kihta 'sslanjina) 'housskowäh 'bramborwäh 'schpäkowäh 'knädlihki]	Alttschechisches Kraut garniert (gebratene Ente, Selchfleisch, Schweinskeule, Speck), Semmelknödel, Kartoffelknödel, Speckknödel
Vepřová, knedlík, zelí (vepřo-knedlozelo) ['wäprschowah 'knädlihk 'sälih ('wäprscho 'knädlo 'sälo)]	Schweinebraten mit Knödeln und Kraut

Jídla na objednávku	Pfannengerichte
Pražský vepřový steak (česnek, křen, okurka), smažené hranolky ['praschsskih 'wäprschowih 'sstäjk ('tschässnäk 'krschän 'okurka) 'ssmaschänäh hranolki]	Prager Schweinesteak (Knoblauch, Meerrettich, Gurke), Pommes frites
Smažený řízek s bramborovým salátem/ brambory/hranolky ['ssmaschänih 'rschihsäk 'sbramborowihm 'ssalahtäm/'brambori/ 'hranolki]	Wiener Schnitzel mit Kartoffelsalat/Kartoffeln/ Pommes frites
Svíčkové řezy se šunkou a vejcem, smažené hranolky ['sswihtschkowäh 'rschäsi 'ssäschunkou a 'wäjzäm 'ssmaschänäh hranolki]	Lendenschnitten mit Schinken und Ei, Pommes frites
Telecí medailonky zapečené (šunka, sýr, vejce), smažené hranolky ['täläzih 'mädajlonki 'sapätschänäh ('schunka 'ssihr 'wäjzä) 'ssmaschänäh hranolki]	Gefüllte Kalbsmedaillons (Schinken, Käse, Ei), Pommes frites
Telecí řízek s chřestem, smažené hranolky ['täläzih 'rschihschäk 'ss chrschässtäm 'ssmaschänäh hranolki]	Kalbsschnitzel mit Spargel, Pommes frites
Vepřová játra, vejce, rajčata, smažené hranolky ['wäprschowah 'jahtra 'wäjzä 'rajtschata 'ssmaschänäh hranolki]	Schweinsleber mit Ei, Tomaten, Pommes frites

Přílohy	Beilagen
Bramborové knedlíky ['bramborowäh 'knädlihki]	Kartoffelknödel
Bramborový salát ['bramborowih ssalaht]	Kartoffelsalat mit harten Eiern und Gemüse
Curry rýže ['kari 'rihschä]	Curry-Reis
Dušená rýže ['duschänah 'rihschä]	Gekochter Reis
Dušené zelí ['duschänäh 'sälih]	Kraut
Houskové knedlíky ['housskowäh knädlihki]	Semmelknödel
Smažené hranolky ['ssmaschänäh hranolki]	Pommes frites
Smažené krokety ['ssmaschänäh 'krokäti]	Kartoffelkroketten
Špekové knedlíky ['schpäkowäh 'knädlihki]	Speckknödel
Tatarská omáčka ['tatarsskah 'omahtschka]	Sauce Tartar
Vařené brambory ['warschänäh 'brambori]	Salzkartoffeln

Moučníky	Süßspeisen
Ovocné knedlíky (švestkové, třešňové, jahodové nebo meruňkové) ['owoznäh 'knädlihki ('schwässtkowäh 'trschäschnjowäh 'jahodowäh näbo 'märunjkowäh)]	Obstknödel (gefüllt mit Pflaumen, Kirschen, Erdbeeren oder Aprikosen)
Palačinky s ovocem a se šlehačkou ['palatschinki 'ss owozäm a 'ssäschlähatschkou]	Palatschinken mit Früchten und Sahne
Vdolečky se šlehačkou ['wdolätschki 'ssäschlähatschkou]	Dalken mit Sahne

Süße Sitte

Süßspeisen werden auch oft als Hauptgericht (nach der Suppe) gegessen.

Dezerty	Nachtisch
Sachrův dort se šlehačkou ['ssachruhw 'dort 'ssäschlähatschkou]	Sachertorte mit Schlagsahne
Větrník se šlehačkou ['wjätrnjihk 'ssäschlähatschkou]	Windbeutel mit Sahne
Slané mandle ['sslanäh 'mandlä]	Salzmandeln
Sýrový talíř s máslem ['ssihrowih 'talihrsch 'ssmahssläm]	Käseplatte mit Butter

Kompoty, poháry	Kompotte, Obstbecher
Ananas ['ananass]	Ananas
Jahody ['jahodi]	Erdbeeren

Mandarinky ['mandarinki]	Mandarinen
Maliny se šlehačkou	Himbeeren mit Sahne

Zmrzlinové poháry	Eisbecher
Zmrzlinový pohár se šlehačkou a ovocem ['smrslinowih 'pohahr 'ssäschlähatschkou a 'owozäm]	Eisbecher mit Sahne und Früchten
Zmrzlinový pohár se šlehačkou, ovocem a vaječným koňakem ['smrslinowih 'pohahr 'ssäschlähatschkou 'owozäm a 'wajätschnihm 'konjakäm]	Eisbecher mit Sahne, Früchten und Eierlikör
Zmrzlinový pohár se šlehačkou agriotkou ['smrslinowih 'pohahr 'ssäschlähatschkou a 'grijotkou]	Eisbecher mit Sahne und Kirschlikör

Alles Quark?

Typisch tschechische Eissorten sind „Míša" ['Miischa], „Kuba" ['Kubba] oder „Tvaroháček" ['Twarohhaatschek]. Die Grundsubstanz bildet eine hart gefrorene Quarkcreme. „Eskymo" ['eskimo] – ein Traditionseis – ist jedoch nicht aus Quark, sondern mit Kokosgeschmack.

Nápojový lístek
Getränkekarte

Vína bílá	Weißweine
Rulandské ['rulantskäh]	Ruländer
Rýnský ryzlink ['rihnsskih 'rislink]	Rheinischer Riesling
Tramín ['tramihn]	Traminer

Vína červená	Rotweine
Frankovka ['frankofka]	„Frankovka"
Rulandské ['rulanzkäh]	Ruländer
Vavřinecké ['wawrschinäzkäh]	„Vavrinecer"

Piva	Biere
Budvar ['budwar]	Budweiser
Plzeňský prazdroj ['plsänjsskih 'prasdroj]	Pilsner Urquell
Černé pivo [tschärnä piwo]	Dunkles Bier
nealkoholické pivo ['nä ˌalkoholizkäh 'piwo]	Alkoholfreies Bier

Na zdraví ['nasdrawii]

Tschechische Biere wie Budweiser („Budvar" ['budwarr]) und Pilsner Urquell („Plzeňský prazdroj" ['plsänjskii 'prasdroj] = „Plzeň" ['plsänj]) sind weltberühmt und gut.
Die tschechischen Weine sind nicht ganz so bekannt. Dennoch sollten Sie sich den Besuch einer „Vinárna" nicht entgehen lassen und die südmährischen Weine unbedingt probieren. Importierte Weine sind wegen der hohen Zölle sündhaft teuer.
Als Aperitif oder zum Verdauen trinkt man Sliwowitz („slivovice" ['ssliwowitsä]), Becherbitter (süßer Kräuterlikör) („becherovka" ['bächärovka]) und Wacholderbrand („borovička" ['borowitschka]).

Aperitivy	**Aperitive**
Becherovka ['bächärofka]	Becherbitter (Kräuterlikör)
Slivovice ['ssliwowizä]	Sliwowitz

Sekty	**Sekte**
Bohemia sekt ['bohämija ssäkt]	Bohemia-Sekt
Krymský sekt ['krimsskih 'ssäkt]	Krimsekt

Nealkoholické nápoje	**Alkoholfreie Getränke**
Ananasový džus ['ananassowih 'dschuss]	Ananassaft
Grapefruitový džus ['gräpfrujtowih 'dschuss]	Grapefruitsaft
Pomerančový džus ['pomärantschowih 'dschuss]	Orangensaft
Minerální voda *(= minerálka)* ['minärahlnjih 'woda ('minärahlka)]	Mineralwasser

Teplé nápoje	**Warme Getränke**
Káva turecká ['kahwa 'turäzkah]	(in der Tasse) aufgebrühter Kaffee mit Satz
Káva překapávaná ['kahwa 'prschäkapahwanah]	Filterkaffee
Espreso ['ässprässo]	Espresso
Vídeňská káva ['wihdänjsskah 'kahwa]	Wiener Kaffee (mit Schlagsahne)
Čaj [tschaj]	Tee
Grog [grok]	Grog

Einkaufen

Nehmen Sie Kreditkarten?

Wer groß einkaufen möchte, kann dies in den Supermärkten am Rande der Städte tun. Viele haben annähernd amerikanische Größen und Öffnungszeiten.
Wer etwas typisch Tschechisches erstehen will, sollte dies weder am Stadtrand noch im teuren Zentrum der Städte tun, sondern sich dazwischen bewegen. Dort findet er Modeschmuck aus Glas und Strass, Geschirr und Dekorationen aus Glas und Porzellan zu erschwinglichen Preisen.

Öffnungszeiten

offen	otevřeno ['otäwrschäno]
geschlossen	zavřeno [sawrschäno]
Betriebsferien	podniková dovolená ['podjnjikowah 'dowolänah]

Wo finde ich ...?	Kde najdu ...? ['gdä 'najdu]
Können Sie mir ein ...-Geschäft empfehlen?	Můžete mi doporučit obchod ...? ['muhschätä mi 'doporutschit 'opchot]
Ich möchte ...	Chtěl/-a bych ... ['chtjäl/-a bich]
Haben Sie ...?	Máte ...? ['mahtä]
Das gefällt mir.	Tohle se mi líbí. ['tohlä ssä mi 'lihbih]
Ich nehme es.	Vezmu si to. ['wä(s)mu ssi to]
Wie viel kostet es?	Kolik to stojí? ['kolik to 'sstojih]
Nehmen Sie Kreditkarten?	Berete kreditní karty? ['bärätä 'kräditjnjih 'karti]]

Antiquariat	antikvariát ['antikwarijaht]
Antiquitätengeschäft	obchod se starožitnostmi ['opchot 'ssä sstaroschitnosstmi]
Apotheke	lékárna ['lähkahrna] ⇒ S. 51f.
Bäckerei	pekařství ['päkarschsstwih]
Blumengeschäft	květinářství ['kwjätjinahrschsstwih]
Buchhandlung	knihkupectví ['knjich,kupäztwih]
Drogerie	drogerie ['drogährijä] ⇒ S. 52f.
Elektrohandlung	obchod s elektropotřebami ['opchot 'ss äläktro,potrschäbami] ⇒ S. 53f.
Flohmarkt	bleší trh ['bläschih 'trch]
Fotogeschäft	foto-kino ['foto,kino] ⇒ S. 54
Frisör	holič ['holitsch], kadeřník ['kadärschnjihk] ⇒ S. 54f.
Gemüsehändler	zelinář ['sälinahrsch]
Haushaltswaren	domácí potřeby [domazi potrschebi] ⇒ S. 55

Bis zum Sanktnimmerleinstag

Insider Tipp

Wer von „ich seh nicht, bis ich seh nicht" arbeitet: „Pracuje od nevidim do nevidim" ['pratsujä 'wodnäwidjim 'donäwidjim], ist ein Workoholic, der nichts außer Arbeiten im Sinn hat.

Häufchen

In Second-Hand-Shops – auch „sekáč“ ['ssäkaatsch], die es überall gibt, kann man günstig getragene Kleidung für jedes Alter einkaufen. Meist stammt sie aus sogenannten „Häufchen“ („hromádky“ ['hhromaatki]), d. h. aus Kleidersammlungen in Deutschland.

Juwelier	klenotník ['klänotjnjihk] ⇒ S. 61
Kaufhaus	obchodní dům ['opchodjnjih 'duhm]
Konditorei	cukrárna ['zukrahrna]
Kunstgewerbe	umělecké řemeslo ['umnjäläzkäh 'rschämässlo]
Lebensmittelgeschäft	obchod s potravinami ['opchot 'sspotrawinami] ⇒ S. 56ff.
Markt	trh [trch]
Metzgerei	řeznictví ['rschäsnjiztwih]
Optiker	optik ['optik] ⇒ S. 60
Reiseandenken	suvenýry *pl* ['ssuwänihri]
Reisebüro	cestovní kancelář ['zässtownjih 'kanzälahrsch]
Schuhgeschäft	obchod s obuví ['opchot 'ss obuwih] ⇒ S. 59f.
Selbstbedienungsladen	samoobsluha ['ssamo͵opsluha]
Spielwarengeschäft	hračkářství ['hratschkahrschsstwih]
Spirituosengeschäft	obchod s lihovinami ['opchot 'sslihowinami
Supermarkt	supermarket ['ssupär͵markät]
Tabakladen	trafika ['trafika] ⇒ S. 62
Uhrmacher	hodinář ['hodjinahrsch]
Weinhandlung	obchod s vínem ['opchot 'sswihnäm]
Zeitungskiosk	novinový stánek ['nowinowih 'sstahnäk]

APOTHEKE — LÉKÀRNA ['lähkahrna]

Wo ist die nächste Apotheke (mit Nachtdienst)?	Kde je tady nejbližší lékárna (s noční službou)? ['gdä jä 'tadi 'näjblihschih 'lähkahrna ('ssnotschnjih 'ssluschbou)]
Geben Sie mir bitte etwas gegen …	Dejte mi prosím něco proti … ['däjtä mi 'prossihm njäzo 'protji]
Dieses Mittel ist rezeptpflichtig.	To je jenom na předpis. ['to jä 'jänom 'naprschätpiss]

Abführmittel	projímadlo ['projihmadlo]
Antibabypille	antikoncepční pilulka ['antikonzäptschnjih 'pilulka]
Antibiotikum	antibiotikum ['anti͵bijotikum]
Aspirin®	*(deutsches ~)* aspirin® ['asspirihn], *(tschechisches ~)* acylpirin® ['azilpirihn]

Augentropfen	oční kapky ['otschnjih 'kapki]
Beruhigungsmittel	uklidňující prostředek ['uklidjnjujihzih 'prosstrschädäk]
Brandsalbe	mast na popáleniny ['masst 'napopahlänjini]
Desinfektionsmittel	dezinfekce ['däsinfäkzä]
Fieberthermometer	teploměr ['täplomnjär]
Gegengift	protijed ['protjijät]
Gurgelwasser	kloktadlo ['kloktadlo]
Halstabletten	prášky proti bolení v krku ['prahschki 'protji 'bolänjih 'fkrku]
Hustensaft	sirup proti kašli ['ssiru'protji 'kaschli]
Insektenmittel	přípravek proti hmyzu ['prschihprawäk 'protjihmisu], repelent ['räpälänt]
Insulin	inzulín ['insulihn]
Jod(tinktur)	jód/(jódová tinktura) ['joht/('jodowah 'tinktuhra)]
Kohletabletten	živočišné uhlí ['schiwotschischnäh 'uhlih]
Kondom	prezervativ ['präsärwatihf]
Kopfschmerztabletten	prášky proti bolení hlavy ['prahschki 'protji 'bolänjih 'hlawi]
Kreislaufmittel	prostředek na krevní oběh [prosstrschädäk 'nakräwnjih 'objäch]
Magenmittel	žaludeční lék ['schaludätschnjih 'lähk]
Medikament	lék ['lähk]
Mittel (gegen)	lék (na) [lähk (na)], prostředek (proti) ['prosstrschädäk ('protji)]
Mullbinde	obinadlo ['obinadlo], fáč [fatsch]
Nebenwirkungen	vedlejší účinky ['wädläjschih 'uhtschinki]
Ohrentropfen	ušní kapky ['uschnjih 'kapki]
Pflaster	náplast ['nahplasst]
Rezept	recept ['räzäpt]
Salbe	mast [masst]
Schlaftabletten	prášky na spaní ['prahschki 'nasspanjih]
Schmerztabletten	prášky proti bolestem ['prahschki 'protji 'bolässtäm]
Sonnenbrand	spálení od sluníčka [sspahlänjih otslunjihtschka]
Tablette	tableta ['tablätа], prášek ['prahschäk]
Traubenzucker	hroznový cukr ['hrosnowih 'zukr]
Tropfen	kapky ['kapki]
Zäpfchen	čípek ['tschihpäk]

DROGERIE — DROGERIE ['drogährijä]

Bürste	kartáč ['kartahtsch]
Creme	krém [krähm]
Damenbinden	dámské vložky ['dahmsskäh 'wloschki]
Deo(dorant)	dezodorant ['däsodorant]
Haarlbürste	kartáč na vlasy ['kartahtsch 'nawlassi]

~festiger	tužidlo na vlasy ['tuschidlo 'nawlassi]
~waschmittel	šampón ['schampohn]
Kamm	hřeben ['hrschäbän]
Körpermilch	pleťové mléko ['plätjowäh 'mlähko]
Lidschatten	oční stíny [otschnjih 'sstjihni]
Lippenstift	rtěnka ['rtjänka]
Nagel|bürste	kartáček na nehty ['kartahtschäk 'nanächti]
~feile	pilníček na nehty ['pilnjihtschäk 'nanächti]
~schere	nůžky *pl* na nehty ['nuhschki 'nanächti]
Papiertaschentücher	papírové kapesníky ['papihrowäh 'kapässnjihki]
Parfüm	parfém ['parfähm]
Pflaster	náplast ['nahplasst]
Pinzette	pinzeta ['pinsäta]
Präservativ	prezervativ ['präsärwatiw]
Puder	pudr ['pudr]
Rasier|apparat	holicí strojek ['holizih 'sstrojäk]
~klinge	žiletka ['schilätka]
~pinsel	štětka na holení ['schtjätka 'naholänjih]
~seife	mýdlo na holení ['mihdlo 'naholänjih]
~wasser	voda po holení ['woda 'poholänjih]
Saugflasche	kojenecká láhev ['kojänäzkah lahhäf]
Schnuller	dudlík ['dudlihk]
Schwamm	houba ['houba]
Seife	mýdlo ['mihdlo]
Sicherheitsnadeln	zavírací špendlíky ['sawihrazih 'schpändlihki]
Sonnencreme	krém na opalování ['krähm 'na opalowahnjih]
Spiegel	zrcátko ['srzahtko]
Spülmittel	mycí prostředek (na nádobí) [mizih 'prosstrschädäk ('nanahdobih)]
Tampons	tampóny ['tampohni]
Toilettenpapier	toaletní papír ['toalätjnjih 'papihr]
Waschlappen	žínka ['schihnka]
Watte	vata ['wata]
Wimperntusche	řasenka ['rschassänka]
Windeln	pleny ['pläni]
Zahn|bürste	kartáček na zuby ['kartahtschäk 'nasubi]
~pasta	pasta na zuby ['passta 'nasubi]

ELEKTROHANDLUNG — OBCHOD S ELEKTROPOTŘEBAMI ['opchot 'ss äläktro,potrschäbami]

Adapter	adaptér ['adaptähr]
Batterie	baterie ['batärijä]
CD, Compactdisc	CD ['zäh 'däh/'kompagdissk]
Föhn	fén ['fähn]
Glühbirne	žárovka ['schahrofka]
Kassette	kazeta ['kasäta]
Kopfhörer	sluchátka *pl* ['ssluchahtka]
Schallplatte	gramofonová deska ['gramofonowah 'dässka]

Stecker	zástrčka ['sahsstrtschka]
Taschenlampe	baterka ['batärka]
Video|film	videofilm ['widäo,film]
~kamera	videokamera ['widäo,kamära]
~kassette	videokazeta ['widäo,kasäta]
~rekorder	video ['widäo]
Walkman®	walkman® [wohkmän]

FOTOGESCHÄFT — FOTO-KINO ['foto,kino]

Ich möchte...	Chtěl/-a bych... ['chtjäl/-a'bich]
einen Film für diesen Fotoapparat.	film do tohoto aparátu. ['film 'dotohoto 'aparahtu]
einen Farbfilm für Papierbilder.	barevný negativ. ['baräwnih 'nägatihf]
einen Farbfilm für Dias.	film na diapozitivy. [film 'nadija,positiwi]
Könnten Sie mir bitte den Film einlegen?	Můžete mi prosím ten film založit? ['muhschätä mi 'prossihm tän 'film 'saloschit]
Der Sucher/Der Auslöser funktioniert nicht.	Hledáček/Spoušť nefunguje. ['hlädaht-schäk/'sspouschtj 'näfungujä]
Das ist kaputt.	Je to rozbité. ['jä to 'rosbitäh]
Können Sie es bitte reparieren?	Můžete mi to opravit? ['muhschätä mi to 'oprawit]

Auslöser	spoušť ['sspouschtj]
Blitzgerät	blesk ['blässk]
Farbfilm	barevný negativ ['baräwnih 'nägatihf]
Film|empfindlichkeit	citlivost filmu ['zitliwosst 'filmu]
~kamera	filmová kamera ['filmowah 'kamära]
Linse	čočka ['tschotschka]
Objektiv	objektiv ['objättihf]
Schwarzweiß-Film	černobílý film ['tschärnobihlih 'film]
Teleobjektiv	teleobjektiv ['tälä,objäktif]
Verschluss	závěrka ['sahwjärka]

FRISÖR — HOLIČ ['holitsch], KADEŘNÍK ['kadärschnjihk]

Kann ich mich für morgen anmelden?	Můžu se objednat na zítřek? ['muhschu ssä 'objädnat 'nasihtrschäk]
Waschen und föhnen, bitte.	Prosím umýt vlasy a foukanou. ['prossihm 'umiht 'wlassi a 'foukanou]

Schneiden ...	Prosím ostříhat ... ['prossihm 'osstrschihhat]
mit Waschen, bitte.	s mytím. ['ssmitjihm]
ohne Waschen, bitte.	bez mytí. ['bäsmitjih]
Bitte ...	Prosím ... ['prossihm]
nicht zu kurz.	ne moc krátké. ['nä moz 'krahtkäh]
ganz kurz.	úplně nakrátko. ['uhp,lnjä 'nakrahtko]
etwas kürzer.	trochu kratší. ['trochu 'kratschih]
Bitte kein Haarspray.	Prosím bez laku. ['prossihm 'bäs 'laku]
Rasieren, bitte.	Prosím oholit. ['prossihm 'oholit]
Stutzen Sie mir bitte den Bart.	Přistřihněte mi prosím vousy. ['prschisstrschihnjätä mi 'prossihm 'woussi]
Vielen Dank. So ist es gut.	Děkuji pěkně.Takhle je to dobré. ['djäkuji 'pjäknjä 'taghlä jä to 'dobräh]

Bart	vousy ['woussi] *oder* ['foussi]
blond	blond ['blont]
Dauerwelle	trvalá ['trwalah]
färben	barvit ['barwit]
föhnen	(vy)fénovat [(wi)'fähnowat]
frisieren	učesat ['utschässat]
Frisur	účes ['utschäss]
Haar/e	vlas(y) *pl* ['wlass(i)]
~schnitt	ostříhání vlasů ['osstrschihhahnjih 'wlassuh], sestřih ['ssässtrschich]
~teil	příčesek ['prschihtschässäk]
kämmen	česat ['tschässat]
legen	udělat foukanou ['udjälat 'foukanou]
Locken	lokny ['lokni]
~wickler	natáčky *pl* ['natahtschki]
Perücke	paruka ['paruka]
Pony	ofina ['ofina]
Scheitel	pěšinka ['pjäschinka]
Schnurrbart	knír(ek) ['knjihr(äk)]
Schuppen	lupy ['lupi]
Shampoo	šampón ['schampohn]
stutzen	přistřihnout ['prschisstrschihnout]
tönen	udělat přeliv ['udjälat 'prschälif]

HAUSHALTSWAREN — DOMÀCÍ POTŘEBY [domazi potrschäbi]

Brennspiritus	(denaturovaný) líh [('dänaturowanih) lihch]
Dosenöffner	otvírák na konzervy ['otwihrahk 'nakonsärwi
Essbesteck	příbor ['prschihbor]
Flaschenöffner	otvírák na láhve ['otwihrahk 'nalahhwä]
Grill	gril ['gril]
~kohle	dřevěné uhlí na gril ['drschäwjänäh 'uhlih 'nagril]

Kerzen	svíčky ['sswihtschki]
Korkenzieher	vývrtka ['wihwrtka]
Petroleum	petrolej ['pätroläj]
Sonnenschirm	slunečník ['sslunätschnjihk]
Taschenmesser	kapesní nůž ['kapässnjih 'nuhsch]

LEBENSMITTEL — POTRAVINY ['potrawini]

Eine ausführliche Übersicht von Lebensmitteln und Gerichten finden Sie im Kapitel ESSEN & TRINKEN auf Seite 43ff.

Was darf es sein?	Co to bude? ['zo to 'budä]
Geben Sie mir bitte ...	Dejte mi prosím ... ['däjtä mi 'prossihm]
ein Kilo ...	kilo ... ['kilo]
ein Stück von ...	kousek/jeden kus ... ['koussäk/'jädän 'kuss]
eine Packung ...	balíček ... ['balihtschäk]
ein Glas ...	sklenici ... ['ssklänjizi]
eine Dose ...	plechovku ... ['plächofku]
eine Flasche ...	láhev ... ['lahhäf]
eine Plastiktüte.	igelitovou tašku. ['igälitowou 'taschku]
Darf es sonst noch etwas sein?	Přejete si ještě něco? ['prschäjätä ssi (j)äschtjä 'njäzo]
Danke, das ist alles.	Děkuji, to je všechno. ['djäkuji to jä 'fschächno]

Babynahrung	dětská výživa ['djäzkah 'wihschiwa]
Bier	pivo ['piwo] ⇒ S. 47
Brot	chleba ['chläba], chléb [chlähp] ⇒ S. 43
Brötchen	housky ['housski] ⇒ S. 43
Butter	máslo ['mahsslo]
Eier	vejce ['wäjzä]
Eis	zmrzlina ['smrslina] ⇒ S. 47
Fisch	ryba ['riba] ⇒ S. 41, 44
Fleisch	maso ['masso] ⇒ S. 45
frisch	čerstvý ['tschärsstwih]
Gebäck	pečivo ['pätschiwo] ⇒ S. 46
Geflügel	drůbež ['druhbäsch] ⇒ S. 44f.
Gemüse	zelenina ['sälänjina] ⇒ S. 39
Hackfleisch	mleté maso ['mlätäh 'masso]
Hähnchen	kuře ['kurschä]
Joghurt	jogurt ['jogurt]
Kaffee	káva ['kahwa] ⇒ S. 43, 48
Kaninchen	králík ['krahlihk]

Was das Herz begehrt

Insider Tipp

Auf Märkten wie z.B. im Prager Stadtteil Holešovice ['holäschowitsä] befinden sich viele Gemüse- und Obststände mit guten Angeboten, deshalb nehmen viele Prager eine Fahrt quer durch ganz Prag auf sich, um hier günstig und frisch einzukaufen. Neben dem Gemüsemarkt gibt es Verkaufshallen mit Lebensmitteln, Elektro-, Drogerie-, Haushalts- und Sportwaren wie auch unzählige Stände mit z.B. Lederwaren, Strümpfen, Schuhen, Brillen, Bekleidung (besonders aus Vietnam) usw. Während die Gemüsehändler meist feste Preise haben, kann man bei den vietnamesischen Händlern etwas feilschen. Passen Sie im Gedränge auf Ihre Wertsachen auf!

Karotten	mrkev *sing* ['mrkäf], karotka ['karotka]
Kartoffeln	brambory ['brambori]
Käse	sýr [ssihr] ⇒ S. 43, 46
Kekse	sušenky ['ssuschänki]
Kirschen	třešně ['trschäschnjä]
Knoblauch	česnek ['tschässnäk]
Kotelett	kotleta ['kotläta]
Kuchen	koláč ['kolahtsch]
Kürbis	dýně ['dihnjä]
Lammfleisch	jehněčí (maso) ['jähnjätschih]
Lauch	pórek ['pohräk]
Limonade	limonáda ['limonahda]
Linsen	čočka ['tschotschka]
Margarine	margarín ['margarihn]
Marmelade	marmeláda ['marmälahda] ⇒ S. 43
Mehl	mouka ['mouka]
Milch	mléko ['mlähko]
Mineralwasser	minerálka ['minärahlka] ⇒ S. 48

Nicht nur für Pilzsammler

Insider Tipp

Pilze sind nicht nur Pilze, sondern auch Nichts und Quatsch, zumindest wird das Wort „Houby" ['houbi] in allen diesen Bedeutungen verwendet.

„To je na houby" ['tojä 'nahhoubi] bedeutet nicht „Das ist für die Pilze", sondern „Das ist für die Katz'".

Wenn es plötzlich von einer Sache sehr viel gibt, sagt man „Wie die Pilze nach dem Regen" „jako houby po dešti" ['jako 'houbi 'podäschtji].

Nudeln	nudle ['nudlä]
Obst	ovoce ['owozä] ⇒ S. 40, 43, 46f.
Öl	olej ['oläj]
Orangensaft	(pomerančový) džus [('pomärantschowih) 'dschuss] ⇒ S. 48
Petersilie	petržel ['pätrschäl]
Pfirsiche	broskve ['brosskwä]
Pflaumen	švestky ['schwässtki]
Reis	rýže ['rihschä]
Rindfleisch	hovězí (maso) ['howjäsih]
Sahne/Schlagsahne	smetana/šlehačka ['ssmätana/'schlähatschka]
saure ~	kyselá smetana ['kissälah 'ssmätana]
süße ~	sladká smetana/šlehačka ['sslatkah 'ssmätana/'schlähatschka]
Salami	salám ['ssalahm]
Salat	salát ['ssalaht] ⇒ S. 39, 44
Salz	sůl [ssuhl]
Schinken	šunka ['schunka]
Schokolade	čokoláda ['tschokolahda]
Schweinefleisch	vepřové (maso) ['wäprschowäh]
Sellerie	celer ['zälär]
Spargel	chřest [chrschässt], špargl ['schpargl]
Spinat	špenát ['schpänaht]
Suppe	polévka ['polähfka] ⇒ S. 44
Süßigkeiten	sladkosti ['sslatkosstji] ⇒ S. 46f.
Tee	čaj [tschaj] ⇒ S. 43, 48
Tomaten	rajčata ['rajtschata]
Wein	víno ['wihno] ⇒ S. 47
Weintrauben	hrozny ['hrosni], víno ['wihno]
Würstchen	párky ['parki]
Zitrone	citrón ['zitrohn]
Zwiebel	cibule ['zibulä]

MODE — MÓDA ['mohda]

Können Sie mir ... zeigen?	Můžete mi ukázat ...? ['muhschätä mi 'ukahsat]
Kann ich es anprobieren?	Můžu si to zkusit? ['muhschu ssi to 'sskussit]
Welche (Konfektions-) Größe haben Sie?	Jakou máte velikost? ['jakou 'mahtä 'wälikosst]
Das ist mir zu ...	To je mi moc ... ['to jä mi 'moz]
eng/weit.	těsné/volné. ['tjässnäh/'wolnäh]
kurz/lang.	krátké/dlouhé. ['krahtkäh/'dlouhäh]
klein/groß.	malé/velké. ['maläh/'wälkäh]
Das passt gut. Ich nehme es.	Tohle je mi dobře. Vezmu si to. ['tohlä jä mi 'dobrschä 'wä(s)mu ssi to]
Das ist nicht ganz, was ich möchte.	Není to docela to, co bych chtěl/-a. ['nänjih to 'dozäla 'to 'zo bi'chtjäl/-a]

Ich möchte diese Sachen reinigen/waschen lassen.	Chtěl/-a bych si dát tyhle věci vyčistit/ vyprat. ['chtjäl/-a bich ssi 'daht 'tihlä 'wjäzi 'witschisstjit/'wiprat]
Wann sind sie fertig?	Kdy to bude hotové? ['gdi to 'budä 'hotowäh]

Anorak	bunda ['bunda]
Anzug	oblek ['obläk]
Bade|anzug	plavky ['plafki]
~hose	plavky ['plafki]
Bikini	dvoudílné plavky ['dwoudjiilnää plafki]
Bluse	blůza ['bluhsa], halenka ['halänka]
Farbe	barva ['barwa]
Hand|schuhe	rukavice ['rukawizä]
~tasche	kabelka ['kabälka]
Hemd	košile ['koschilä]
Hose	kalhoty ['kalhoti]
Hut	klobouk ['klobouk]
Jacke	bunda ['bunda]
Kleid	(dámské) šaty [('dahmsskäh) 'schati]
Kostüm	kostým ['kosstihm]
Krawatte	kravata ['krawata]
Mantel	plášť *m* [plahschtj], kabát ['kabaht]
Mütze	čepice ['tschäpizä]
Nachthemd	noční košile *f* ['notschnjih 'koschilä]
Pullover	pulovr ['pulohwr]
Pyjama	pyžamo ['pischamo]
Regenmantel	plášť do deště ['plahschdj 'dodäschtjä]
Rock	sukně ['ssuknjä]
Sakko	sako ['ssako]
Schal	šála ['schahla]
Schirm	deštník ['däschtjnjihk]
Slip	*(Herren~)* spodky *pl* ['sspotki] *(Damen~)* kalhotky *pl* ['kalhotki]
Socken	ponožky ['ponoschki]
Strickjacke	(vlněná) vesta [('wlnjänah) 'wässta]
Strümpfe	punčochy ['puntschochi]
Strumpfhose	punčocháče *pl* ['puntschochahtschä]
Trainingsanzug	tepláky *pl* ['täplahki]
Unter|hemd	*(Herren~)* nátělník ['nahtjälnjihk], *(Damen~)* košilka ['koschilka]
~hose	spodky *pl* ['sspotki]
Weste	vesta ['wässta]

SCHUHGESCHÄFT — OBCHOD S OBUVÍ ['opchot 'ss obuwih]

Ich möchte ein Paar ...-Schuhe.	Chtěl/-a bych pár ... bot. [chtjäl/-a bich 'pahr ... 'bot]
Ich habe Schuhgröße ...	Nosím boty číslo ... ['nossihm 'boti 'tschihsslo]

Sie sind zu eng/weit.	Jsou příliš těsné/volné. ['ssou 'prschihlisch 'tjässnäh/'wolnäh]
Bitte noch eine Tube Schuhcreme/ein Paar Schnürsenkel.	Prosím ještě tubu krému na boty/ jedny tkaničky do bot. ['prossihm (j)äschtjä 'tubu 'krähmu 'naboti/'jädni 'kanjitschki 'dobot]

999

Insider Tipp

Das berühmte Schuhgeschäft „Baťa" ['batja] ist nach seinem mährischen Gründer (er stammt aus Zlín) benannt. „Ceny jako u Bati" ['tsäni 'jako 'ubatji] – Preise wie beim Baťa – sind Preise mit 9 am Ende (99, 999 etc).

Gummistiefel	gumové holínky ['gumowäh 'holinki]
Kinderschuhe	dětské boty ['djäzkäh 'boti]
Sandalen	sandály ['ssandahli]
Schuhle	boty ['boti]
~creme	krém na boty ['krähm 'naboti]
Stiefel	kozačky *pl* ['kosatschki]
Turnschuhe	tenisky ['tänisski], botasky ['botasski], kecky ['käzki]

OPTIKER — OPTIK ['optik]

Würden Sie mir bitte diese Brille reparieren?	Můžete mi opravit tyhle brýle? ['muhschätä mi 'oprawi'tihlä 'brihlä]
Ich bin kurzsichtig/ weitsichtig.	Jsem krátkozraký/-á /dalekozraký/-á. ['ssäm 'krahtko,srakih ('krahtko,srakah)/ 'daläko,srakih/-ah]
Wie ist Ihre Sehstärke?	Kolik máte dioptrií? ['kolik 'mahtä 'dijoptrijih]
Wann kann ich die Brille abholen?	Kdy si můžu pro brýle přijít? ['gdi ssi 'muhschu 'probrihlä 'prschiht]
Ich brauche …	Potřebuji … [potrschäbuji]
Aufbewahrungslösung	roztok na uložení ['rosstok 'na uloschänjih]
Reinigungslösung	roztok na čištění ['rosstok 'natschischtjänjih]
für harte/weiche Kontaktlinsen.	na tvrdé/měkké kontaktní čočky. ['natwrdäh/'mnjäkäh 'kontaktjnjih 'tschotschki]
Ich suche …	Sháním … ['ss chahnjihm]
eine Sonnenbrille.	sluneční brýle. ['sslunätschnjih 'brihlä]
ein Fernglas.	dalekohled. ['daläko,hlät]

SCHMUCKWAREN	BIŽUTERIE/KLENOTY [bischutärijä/klänoti]
Meine Uhr geht nicht mehr.	Nejdou mi hodinky. ['näjdou mi 'hodjinki]
Ich möchte ein hübsches Andenken/Geschenk.	Chtěl/-a bych nějakou pěknou upomínku/ nějaký hezký dárek. ['chtjäl/-a bich 'njäjakou 'pjäknou 'upomihnku/'njäjakih 'hässkih 'dahräk]
Anhänger	přívěsek ['prschihwjässäk]
Armband	náramek ['nahramäk]
~uhr	náramkové hodinky ['nahramkowäh 'hodjinki]
Brosche	brož [brosch]
Gold	zlato ['slato]
Kette	řetízek ['rschätjihsäk], náhrdelník ['nahhrdälnjihk]
Kristall	křišťál ['krschischtjahl]
Ohrringe	náušnice ['nah uschnjizä]
Ring	prsten ['prsstän]
Schmuck	šperk [schpärk]
Silber	stříbro ['sstrschihbro]

SCHREIBWAREN	PAPÍRNICTVÍ ['papirnjiztwi]
Haben Sie deutsche Zeitungen/Zeitschriften?	Máte německé noviny/časopisy? ['mahtä 'njämäzkäh 'nowini/'tschassopissi]
Ich hätte gern ...	Chtěl/-a bych ... ['chtjäl/-a bich]
Ansichtskarte	pohled ['pohlät], pohlednice ['pohlädjnjizä]
Bleistift	tužka ['tuschka]
Briefmarke	známka ['snahmka]
~umschlag	obálka ['obahlka]
Geschenkpapier	balicí papír na dárky ['balizih 'papihr 'nadahrki]
Illustrierte	časopis ['tschassopiss]
Klebstoff	lepidlo ['läpidlo]
Kugelschreiber	propisovačka ['propissowatschka]
Landkarte	mapa ['mapa]
Notizblock	poznámkový blok ['posnahmkowih 'blok]
Radiergummi	guma ['guma]
Reiseführer	turistický průvodce ['turisstizkih 'pruhwozä]
Spielkarten	(hrací) karty [('hrazih) karti]
Stadtplan	plán/mapa města ['plahn/'mapa 'mnjässta]
Straßenkarte	(silniční) mapa [('ssilnjitschnjih) mapa]
Taschenbuch	brožovaná kniha ['broschowanah 'knjiha]
Wanderkarte	turistická mapa ['turisstizkah 'mapa]
Zeichenblock	náčrtník ['nahtschrtjnjihk], blok [blok]
Zeitschrift	časopis ['tschassopiss]
Zeitung	noviny ['nowini]

Blauer Dunst

Zigaretten bekommt man am Kiosk oder in einem Tabakladen („trafika" ['trafika]). Sie sind immer noch etwas günstiger als in den Nachbarländern.

TABAKWAREN	TABÀK A KUŘÀCKÉ POTŘEBY ['tabak a 'kurschazkä 'potrschäbi]
Ein Päckchen, bitte.	Prosím balíček. ['prossihm 'balihtschäk]
Eine Stange, bitte.	Prosím kartón. ['prossihm 'karton]
mit/ohne Filter.	s filtrem/bez filtru. ['ssfilträm/'bässfiltru]
Zehn Zigarren/Zigarillos, bitte.	Prosím deset doutníků/cigarilos. ['prossihm 'dässä'doutjnjihkuh/'zigariloss]
Ein Päckchen Zigaretten-/Pfeifentabak, bitte.	Prosím balíček cigaretového/dýmkového tabáku. ['prossihm 'balitschäk 'zigarätowähho/'dihmkowähho 'tabahku]
Eine Schachtel Streichhölzer/Ein Feuerzeug, bitte.	Prosím krabičku zápalek/zapalovač. ['prossihm 'krabitschku 'sahpaläk/'sapalowatsch]

Bilder zum Zeigen

Kleidung

in der Drogerie

Bilder
zum Zeigen

Elektroartikel

Schreiben & Rauchen

Übernachtung

Ein Doppelzimmer, bitte

Vom Palast bis zur kleinen Hütte, in Tschechien finden Sie Übernachtungsangebote für jeden Anspruch. Manche Hotels haben noch zweierlei Preise: einen für Westler und einen billigeren für die eigene Bevölkerung. Achten Sie darauf, dass Sie sich eher am teureren Preis orientieren.
An Bahnhöfen werden einem häufig Privatwohnungen angeboten. Sie sind zwar günstig, aber meist nicht so hochwertig ausgestattet, wie Wohnungen im Westen.
Während der touristischen Stoßzeiten empfiehlt es sich, vorab zu reservieren.

Ausweichquartier

Viele Leute ziehen aufs Land (z.B. in ein Wochenendhaus), um sich ein Zusatzeinkommen durch die Vermietung ihrer Wohnung zu sichern. Private Wochenendhäuser werden seltener vermietet. Ferienhäuser – „chaty" ['chati] – gibt es in touristischen Regionen, „rekreační oblast" ['räkräatschnjii 'oblasst] meist in größeren Erholungskomplexen.

Können Sie mir bitte ... empfehlen?	Můžete mi prosím doporučit...? ['muhschätä mi 'prossihm 'doporutschit]
ein gutes Hotel	nějaký dobrý hotel ['njäjakih 'dobrih 'hotäl]
eine Pension	penzión ['pänsijohn]
ein Privatzimmer	ubytování v soukromí ['ubitowahnjih 'fssoukromih]
Gibt es hier einen Campingplatz/eine Jugendherberge?	Je tady někde kempink/ubytovna pro mládež? ['jä 'tadi 'njägdä 'kämpink/'ubitowna 'promlahdäsch]

... im Hotel

REZEPTION	**RECEPCE** ['räzäpzä]
Ich habe bei Ihnen ein Zimmer auf den Namen ... reserviert.	Mám u vás rezervovaný pokoj na jméno... ['mahm 'uwahss 'räsärwowanih 'pokoj 'namähno]
Haben Sie noch Zimmer frei?	Máte ještě volné pokoje? ['mahtä ˌ(j)äschtjä 'wolnäh 'pokojä]
... für eine Nacht.	... na jednu noc. ['najädnu 'noz]
... für zwei Tage/eine Woche.	... na dva dny/na týden. ['nadwa 'dni/'natihdän]
Nein, wir sind leider vollständig belegt.	Ne, máme bohužel všechno obsazené. ['nä 'mahmä 'bohuschäl 'fschächno 'opsasänäh]
Ja, was für ein Zimmer wünschen Sie?	Ano, jaký pokoj byste si přál/-a? ['ano 'jakih 'pokoj 'bisstä ssi 'prschahl/-a]
Ein Einzelzimmer ...	Jednolůžkový ... ['jädnoˌluhschkowih]
Ein Zweibettzimmer ...	Dvoulůžkový ... ['dwouˌluhschkowih]
mit Dusche.	se sprchou. ['ssässprchou]
mit Bad.	s koupelnou. ['sskoupälnou]
Kann ich das Zimmer ansehen?	Můžu se na ten pokoj podívat? ['muhschu ssä 'natän 'pokoj 'podjihwat]
Können Sie noch ein drittes Bett dazustellen?	Můžete sem dát přistýlku? ['muhschätä 'ssäm 'daht 'prschisstihlku]

Was kostet das Zimmer mit …	Kolik stojí pokoj … ['kolik sstojih 'pokoj]
Frühstück?	se snídaní? ['ssässnjihdanjih]
Halbpension?	s polopenzí? ['sspolopänsih]
Vollpension?	s plnou penzí? ['ssplnou 'pänsih]
Wo kann ich den Wagen abstellen?	Kde můžu zaparkovat auto? ['gdä 'muhschu 'saparkowat 'auto]
Ab wann gibt es Frühstück?	Od kolika hodin (po)dáváte snídani? ['otkolika 'hodjin '(po)dahwahtä 'ssnjihdanji]
Wo ist der Speisesaal?	Kde je jídelna? ['gdä jä 'jihdälna]

Frühstück: ESSEN & TRINKEN, ⇒ S. 42f.

Wecken Sie mich bitte morgen früh um … Uhr.	Ráno mě prosím vzbuďte v … hodin. ['rahno mnjä 'prossihm 'wsbutjtä w … 'hodjin]
Wie funktioniert …?	Jak funguje …? ['jak 'funggujä]
Bitte meinen Schlüssel.	Prosím klíč. ['prossihm klihtsch]
Wo kann ich telefonieren?	Kde si můžu zatelefonovat? ['gdä ssi 'muhschu 'satäläfonowat]

BEANSTANDUNGEN — REKLAMACE A STÍŽNOSTI ['reklamazä a 'stjischnostji]

Das Zimmer ist nicht gereinigt worden.	Pokoj není uklizený. ['pokoj 'nänjih 'uklisänih]
Die Dusche …	Sprcha … ['ssprcha]
Die Spülung …	Splachování … ['ssplachowahnjih]
Die Heizung …	Topení … ['topänjih]
Das Licht …	Světlo … ['sswjätlo]
Das Radio …	Rádio … ['rahdijo]
Der Fernseher …	Televizor … ['täläwisor]
funktioniert nicht.	nefunguje. ['näfungujä]
Der Wasserhahn tropft.	Kohoutek kape. ['kohoutäk 'kapä]

Ruck-Zupf

Insider Tipp

Wer Sie auffordert, „mit dem Bein zu zupfen" („Trhni si nohou!" ['trhnjissi 'nohou]), hat etwas Höheres im Sinn, nämlich „Du kannst mich mal!"

Es kommt kein (warmes) Wasser.	Neteče (teplá) voda. ['nätätschä ('täplah) 'woda]
Die Toilette/Das Waschbecken ist verstopft.	Záchod je ucpaný. ['sahchot jä 'uzpanih]/ Umyvadlo neodtéká. [umiwadlo 'nä,otähkah]

ABREISE — ODJEZD [odjest]

Ich reise heute Abend/ morgen um ... Uhr ab.	Odjíždím dnes večer/zítra v/ve ... hodin. ['odjischdjihm 'dnäss 'wätschär/'sihtra w/f/wä ... 'hodjin]
Machen Sie bitte die Rechnung fertig.	Připravte mi prosím účet. ['prschipraftä mi 'prossihm uhtschät]
Nehmen Sie ...	Můžu zaplatit ... ['muhschu 'saplatjit]
Kann ich mit Kreditkarte bezahlen?	Můžu platit kreditní kartou? ['muhschu 'platjit 'kräditjnjih 'kartou]
Vielen Dank für alles! Auf Wiedersehen!	Děkuji za všechno! Na shledanou! ['djäkuji 'safschächno 'nass chlädanou]

Abendessen	večeře ['wätschärschä]
Anmeldung	přihlášení ['prschihlahschänjih], přihláška ['prschihlahschka]
Badelwanne	vana ['wana]
~zimmer	koupelna ['koupälna]
Bett	postel ['posstäl]
~wäsche	ložní prádlo ['loschnjih 'prahdlo]
Dusche	sprcha ['ssprcha]
Empfangshalle	vstupní hala recepce ['fsstupnjih hala 'räzäpzä]
Etage	poschodí ['poss chodjih], patro ['patro]
Fenster	okno ['okno]
Fernseher	televizor ['täläwisor]
Fernsehraum	místnost s televizí ['mihsstnosst 'sstäläwisih]
Frühstück	snídaně ['ssnjihdanjä]
Frühstücksbüfett	švédská snídaně ['schwähzkah 'ssnjihdanjä]
Halbpension	polopenze ['polopänsä]
Handtuch	ručník ['rutschnjihk]
Hauptsaison	hlavní sezóna ['hlawnjih 'ssäsohna]
Heizung	topení ['topänjih]
Kleiderbügel	ramínko (na šaty) ['ramihnko ('naschati)]
Schrank	skříň ['sskrschihnj]
Kopfkissen	polštářek ['polschtahrschäk]
Lampe	lampa ['lampa]
Matratze	matrace ['madrazä]
Mittagessen	oběd ['objät]
Papierkorb	koš na papír ['kosch 'napapihr]
Pension	penzión ['pänsijohn]
Portier	vrátný ['wrahtnih]
reinigen	vyčistit ['witschisstjit]
Reservierung	rezervace ['räsärwazä]
Rezeption	recepce ['räzäpzä]

Safe	sejf ['ssäjf]
Schlüssel	klíč ['klihtsch]
Schrank	skříň ['sskrschihnj]
Speisesaal	jídelna ['jihdälna]
Spiegel	zrcadlo ['srzadlo]
Steckdose	(elektrická) zásuvka ['sahssufka]
Stecker	zástrčka ['sahsstrtschka]
Toilette	toaleta ['toaläta]
Toilettenpapier	toaletní papír ['toalätjnjih 'papihr]
Übernachtung	nocleh ['nozläch]
Vollpension	plná penze ['plnah 'pänsä]
Waschbecken	umyvadlo ['umiwadlo]
Wasser	voda ['woda]
kaltes ~	studená voda ['sstudänah 'woda]
warmes ~	teplá voda ['täplah 'woda]
~hahn	kohoutek ['kohoutäk]

Insider Tipp

Geschmacksache

Das Trinkwasser ist häufig stark chlorhaltig, jedoch nicht gesundheitsgefährdend. Wer seinen Tee oder Kaffee ohne Beigeschmack genießen möchte, sollte sich Wasser in Einwegflaschen kaufen. Diese sind überall erhältlich.

Zimmer	pokoj ['pokoj]
~mädchen	pokojská ['pokojsskah]
Zwischenstecker	adaptér [adaptähr]

... IM FERIENHAUS

Ist der Strom-/Wasserverbrauch im Mietpreis enthalten?	Jsou v nájmu i poplatky za vodu a elektřinu? ['ssou 'wnahjmu i 'poplatki 'sawodu a 'äläktrschinu]
Sind Haustiere erlaubt?	Smějí se tam brát zvířata? ['ssmnjäjih ssä tam 'braht 'swihrschata]
Wo bekommen wir die Schlüssel für das Haus/die Wohnung?	Kde dostaneme klíče od domu/od bytu? ['gdä 'dosstanämä 'klihtschä 'odomu/'odbitu]
Müssen wir die Endreinigung selbst übernehmen?	Musíme před odjezdem sami uklidit? ['mussihmä 'prschät odjäsdäm 'ssami 'uklidjit]

Anreisetag	den příjezdu ['dän 'prschihjäsdu]
Etagenbett	palanda ['palanda]

Ferien|haus	chata ['chata], chalupa ['chalupa]
~wohnung	letní byt ['lätjnjih 'bit]
Hausbesitzer	majitel domu ['majitäl 'domu], domácí ['domahzih]
Haustiere	domácí zvířata ['domahzih 'swihrschata]
Herd	sporák ['ssporahk]
Kaffeemaschine	kávovar ['kahwowar]
Kochnische	kuchyňský kout ['kuchinjsskih 'kout]
Kühlschrank	chladnička ['chladjnjitschka], lednička ['lädjnjitschka]
Miete	nájem ['nahjäm], nájemné ['nahjämnäh]
Müll	odpad ['otpat], odpadky ['otpatki]
Nebenkosten	vedlejší náklady ['wädläjschih 'nahkladi]
Schlaf|couch	gauč [gautsch]
~zimmer	ložnice ['loschnjizä]
Strom	elektrický proud ['äläktrizkih 'prout]
vermieten	pronajmout *pf* ['pronajmout], pronajímat *ipf* ['pronajihmat]
Waschmaschine	pračka ['pratschka]
Wohnzimmer	obývací pokoj ['obihwazih 'pokoj], obývák [obihwahk]

... AUF DEM CAMPINGPLATZ

Haben Sie noch Platz für einen Wohnwagen/ein Zelt?	Máte ještě místo na přívěs (na karavan)/stan? ['mahtä '(j)äschtjä 'mihssto 'naprschihwjäss ('nakarawan)/'nasstan]
Wie hoch ist die Gebühr pro Tag und Person?	Kolik se platí za osobu za den? ['kolik ssä 'platjih 'sa ossobu 'sadän]
Wie hoch ist die Gebühr für ...	Jaký je poplatek za ... ['jakih jä 'poplatäk 'sa]
das Auto?	auto? ['auto]
den Wohnwagen?	karavan/obytný přívěs? ['karawan/'obitnih 'prschihwjäss]
das Wohnmobil?	obytný vůz? [obitnih 'wuhss]
das Zelt?	stan? [sstan]
Wir wollen ... Tage/Wochen bleiben.	Chceme zůstat...dní/týdnů. ['chzämä 'suhsstat ... djnjih/'tihdnuh]
Gibt es hier ein Lebensmittelgeschäft?	Je tu někde obchod potravinami? ['jä tu 'njägdä 'opchot 'sspotrawinami]
Wo sind ...	Kde jsou... ['gdä ˌssou]
die Toiletten?	toalety? ['toaläti]
die Waschräume?	umyvárny? ['umiwahrni]
die Duschen?	sprchy? ['ssprchi]
Gibt es hier Stromanschluss?	Je tu elektrická přípojka? ['jä tu 'äläktrizkah 'prschihpojka]

Haben Sie 220 oder 110 Volt? — Máte napětí 220 (dvěstědvacet) nebo 110 (stodeset) voltů? ['mahtä 'napjätjih 'dwjässtjädwazät 'näbo 'sstodwazät 'woltuh]

Können Sie mir bitte ... leihen? — Můžete mi prosím půjčit...? ['muhschätä mi 'prossihm putschit]

Benutzungsgebühr	poplatek za použití ['poplatäk 'sapouschitjih]
Camping	kempink ['kämpinjk]
~platz	kempink ['kämpink]
Gas|flasche	plynová bomba ['plinowah 'bomba]
~kocher	plynový vařič ['plinowih 'warschitsch]
Geschirrspülbecken	dřez na nádobí ['drschäss 'nanahdobih]
Kocher	vařič ['warschitsch]
leihen	půjčit *pf* ['putschit], vypůjčit *ipf* ['wiputschit]
Leihgebühr	půjčovné ['puhjtschownäh]
Petroleumlampe	petrolejová lampa ['pätroläjowah 'lampa], petrolejka ['pätroläjka]
Steckdose	zásuvka ['sahssufka]
Stecker	zástrčka ['sahsstrtschka]
Strom	elektrický proud ['äläktrizkih 'prout]
~anschluss	elektrická přípojka ['äläktrizkah prschihpojka]
Trinkwasser	pitná voda ['pitnah 'woda]
Voranmeldung	předběžná přihláška ['prschädbjäschnah 'prschihlahschka]
Wasser	voda ['woda]
Wohn|mobil	obytný vůz ['obitnih 'wuhss]
~wagen	obytný přívěs/karavan ['obitnih 'prschihwjäss/'karawan]
Zelt	stan ['sstan]

... IN DER JUGENDHERBERGE

Kann ich bei Ihnen Bettwäsche/einen Schlafsack leihen? — Půjčujete ložní prádlo/spací pytle? ['putschujätä 'loschnjih 'prahdlo/'sspazih 'pitlä]

Die Eingangstür wird um 24 Uhr abgeschlossen. — Vchod se zamyká ve 24 hodin. ['fchot ssä 'samikah 'wädwazätschtirschi hodjin]

Jugendherberge	ubytovna pro mládež ['ubitowna 'promlahdäsch]
Jugendherbergsausweis	průkaz ubytovny pro mládež ['pruhkass 'ubitowni 'promlahdäsch]
Schlaf|saal	společná noclehárna ['sspolätschnah 'nozlähahrna]
~sack	spací pytel ['sspazih 'pitäl], spacák ['sspazahk]
Studentenwohnheim	kolej ['koläj]
Tagesraum	klubovna ['klubowna]
Waschraum	umyvárna ['umiwahrna]

Bilder
zum Zeigen

Waschen &

Schlafen

Bilder
zum Zeigen

für alle Fälle

Besichtigungen/Unterhaltung

Was unternehmen wir?

Prag allein ist eine Reise wert. Schon wegen der Architektur. Von der Romanik (z. B. Rotunden, Weinkeller) über Jugendstil-Wohnhäuser bis hin zur Moderne wie das „Tanzende Haus" an der Moldau ist dort so gut wie jede Kunstrichtung vertreten. Und das wunderschöne Zentrum der Stadt wurde glücklicherweise während des 2. Weltkriegs kaum zerstört. Über das ganze Land verteilt befinden sich sehenswerte Burgen, Schlösser, Paläste, Kirchen, Klöster und Orte, von denen einige sogar auf der Liste des Weltkulturerbes stehen, wie z. B. Český Krumlov ['tschäskii 'krumlov] im Süden des Landes.

Ich möchte einen Stadtplan von ... haben.	Chtěl/-a bych plán města ... [chtjäl/-a bich plahn mnjässta]
Welche Sehenswürdigkeiten gibt es hier?	Jaké jsou tady zajímavosti? ['jakäh jssou tadi 'sajihmawosstji]
Veranstalten Sie Stadtrundfahrten?	Pořádáte okružní jízdy? ['porschahdahtä 'okruschnjih 'jihsdi]
Was kostet die Rundfahrt?	Kolik stojí okružní jízda? ['kolik 'sstojih 'okruschnjih 'jihsda]
Besuchen wir auch ...?	Navštívíme taky ...? ['nafschtjihwihmä 'taki]
Wann fahren wir zurück?	Kdy pojedeme zpátky? ['kdi 'pojädämä 'sspahtki]

Sehenswertes

Wann ist das Museum geöffnet?	Kdy je otevřené muzeum? ['gdi jä 'otäwrschänäh 'musäum]
Wann beginnt die Führung?	Kdy začíná prohlídka? ['gdi 'satschihnah 'prohlihtka]
Ist das ...?	Je to ...? ['jä to]

Altar	oltář ['oltahrsch]
Altstadt	staré město ['sstaräh 'mnjässto]
Architektur	architektura ['archi,täktura]
Ausflug	výlet ['wihlät]
Ausgrabungen	vykopávky *pl* ['wikopahfki]
Aussichtspunkt	vyhlídka ['wihlihtka]
Ausstellung	výstava ['wihsstawa]
Besichtigung	prohlídka ['prohlihtka]
Bild	obraz ['obrass]
~hauer	sochař ['ssocharsch]
Brauhaus	pivovar ['piwowar]
Burg	hrad ['hrat]
Denkmal	pomník ['pomnjihk], památka ['pamahtka]
Dom	chrám [chrahm]
Festung	pevnost ['päwnosst]
Fremdenführer/in	průvodce/průvodkyně ['pruhwozä/'pruhwotkinjä]
Friedhof	hřbitov ['hrschbitof]
Führung	prohlídka ['prohlihtka]
Gebäude	budova ['budowa]
Gebirge	hory ['hori], pohoří ['pohorschih]
Gemälde	malba ['malba], obraz ['obrass]
Geschichte	dějiny ['djäjini]
Gottesdienst	bohoslužba ['boho,ssluschba]

Innenstadt	centrum (města) ['zäntrum (mnjässta)]
Kaiser/in	císař/císařovna ['zihssarsch/'zihssarschowna]
Kapelle	kaple ['kaplä]
Kathedrale	katedrála ['katädrahla]
Kirche	kostel ['kosstäl]
König/in	král/královna [krahl/'krahlowna]
Landschaft	krajina ['krajina]
Maler/in	malíř/ka ['malihrsch/ka]
Malerei	malířství ['malihrschsstwih]
Markt	trh [trch], tržiště ['trschischtjä]
Museum	muzeum ['musäum]
Naturschutzgebiet	přírodní rezervace
Palast	palác ['palahz]
Plastik	plastika ['plasstika], socha ['ssocha]
Platz	náměstí ['nahmnjässtjih]
Rathaus	radnice ['radjnjizä]
Religion	náboženství ['nahboschänsstwih]
Restaurierung	restaurování ['rässtaurowahnjih], restaurační práce ['rässtauratschnjih 'prahzä]
Ruine	zřícenina ['srschihzänjina]
Rundfahrt	okružní jízda ['okruschnjih 'jihsda]
Schloss	zámek ['sahmäk]
See	jezero ['jäsäro]
Sehenswürdigkeiten	pamětihodnosti ['pamnjätji,hodnosstji]
Stadtrundfahrt	okružní jízda městem ['okruschnjih 'jihsda 'mnjässtäm]
Tagesausflug	celodenní/jednodenní výlet ['zälodänjih/'jädnodänjih 'wihlät]
Turm	věž [wjäsch], brána ['brahna]

Ausblick

Machen Sie doch mal eine Turmtour. Besteigen Sie den Miniatureiffelturm auf dem Prager Berg Petřín ['pätrschiin], einen Brückenturm an der Karlsbrücke, den Rathausturm und die Kathedrale und Kirchtürme. Überall bietet sich Ihnen ein neues, fotogenes Panorama.

Wald	les [läss]
Wasserfall	vodopád ['wodopaht]
Zeichnung	kresba ['kräsba]
Zoo	zoo [soh o], zoologická zahrada ['sologizkah 'sahrada]

Unterhaltung

BAR/DISKOTHEK/ NACHTCLUB	BAR/DISKOTÉKA/NOČNÍ KLUB [bar / 'diskoteka / 'notschnji klup]
Was kann man hier abends unternehmen?	Co se tu dá večer podniknout? ['zo ssä tu 'dah wätschär 'podjnjiknout]
Gibt es hier eine gemütliche Kneipe?	Je tu nějaká příjemná hospůdka? ['jä tu 'njäjakah 'prschihjämnah 'hosspuhtka]
Wo kann man hier tanzen gehen?	Kde se tu dá tancovat? ['gdä ssä tu 'dah 'tanzowat]
Ist Abendgarderobe erwünscht?	Musí se tam ve večerních šatech? ['mussih ssä tam 'wäwätschärnjihch 'schatäch]
Im Eintrittspreis ist ein Getränk enthalten.	Ve vstupném je zahrnutý jeden nápoj. ['wäfsstupnähm jä 'sahrnutih 'jädän 'nahpoj]
Ein Whisky-Soda, bitte.	Whisky se sodou, prosím. ['wiski 'se sodou prossihm]
Das Gleiche noch einmal.	Ještě jednou totéž. ['(j)äschtjä 'jädnou 'totähsch]
Diese Runde übernehme ich.	Tuhle rundu platím já. ['tuhlä 'rundu 'platjihm 'jah]
Wollen wir (noch einmal) tanzen?	Zatančíme si (ještě jednou)? [satantschihmä ssi ('(j)äschtjä 'jädnou)]

Feste feiern

Viele Leute feiern zusätzlich zum Geburtstag den Namenstag svátek ['sswaatäk]. Zum Beispiel ist der Josefstag am 19.3. ein Anlass zu einer großen „feuchten" Feier.

ausgehen . . . . někam si vyjít ['njäkam ssi 'wijiht]
Band . . . . hudební skupina ['hudäbnjih 'sskupina]
Bar . . . . bar [bar]
Disko . . . . diskotéka ['disskotähka]
Folklore . . . . folklór ['folklohr]
~musik . . . . lidová hudba ['lidowah 'hudba]
Kneipe . . . . hospoda ['hosspoda], hospůdka ['hosspuhtka]
Livemusik . . . . hudba live ['hudba 'lajf], kapela ['kapäla]
Nachtclub . . . . noční klub/bar ['notschnjih 'klup/'bar]
Show . . . . show [schou]
tanzen . . . . tancovat ['tanzowat]
Tanzlkapelle . . . . taneční kapela ['tanätschnjih 'kapäla]
~musik . . . . taneční hudba ['tanätschnjih 'hudba]

Blödsinn im Sinn

Stellvertretend für tschechischen Humor steht das schlitzohrige Original des „Braven Soldaten Švejk" [schwäjk]: Wenn Sie ihn kennen, wissen Sie, dass sich die Tschechen oft selbst auf die Schippe nehmen. Sie lieben den Dada-Humor (verrückter Humor, Blödsinn) und Wortspiele. Nicht nur in Filmen und Büchern, sondern auch in ganz normalen Gesprächen.

THEATER/KONZERT/ KINO	DIVADLO/KONCERT/KINO [djiwadlo / konzert / kino]
Haben Sie einen Veranstaltungskalender für diese Woche?	Máte kalendář kulturních pořadů na tento týden? ['mahtä 'kaländahrsch 'kulturnjich 'porschaduh 'natänto 'tihdän]
Welches Stück wird heute Abend (im Theater) gespielt?	Co dávají dnes večer (v divadle)? [zo 'dahwajih dnäss 'wätschär ('wdjiwadlä)]
Können Sie mir ein gutes Theaterstück/einen guten Film empfehlen?	Můžete mi doporučit nějakou pěknou divadelní hru/nějaký dobrý film? ['muhschätä mi 'doporutschit 'njä_akou 'pjäknou 'djiwadälnjih hru/'njäjakih 'dobrih 'film]
Wann beginnt die Vorstellung?	V kolik (hodin) začíná představení? ['fkolig ('hodjin) 'satschihnah 'prschäztawänjih]
Wo werden Karten verkauft?	Kde se prodávají vstupenky? ['gdä ssä 'prodahwajih 'fsstupänk]
Bitte zwei Plätze zu …	Prosím dva lístky po … ['prossihm dwa 'lihsski 'po]
Kann ich bitte ein Programm haben?	Můžu dostat program, prosím? ['muhschu 'dosstat 'program 'prossihm]
Wo ist die Garderobe?	Kde je šatna? ['gdä jä 'schatna]

Kultur pur

Insider Tipp

Prag bietet Kultur für jeden Geschmack. Wer Opern und das Ballett liebt, sollte z. B. ins Nationaltheater oder in die Staatoper gehen. Jazzfreunde etwas tiefer, und zwar in den Jazzkeller Reduta ['räduta], wo auch schon Bill Clinton musiziert hat. Wer Bars und Discos vorzieht, findet eine reichhaltige Auswahl. Und selbst die Liebhaber von Blasmusik und Seniorentanz kommen auf ihre Kosten: neben dem großen Baumgarten Stromovka ['sstromovka] in Prag. Das Kulturprogramm finden Sie unter www.pis.cz

„Spejbel und Hurvínek“

Kaum wo anders gibt es so viele berühmte Kinderfilme (Zeichentrick-, Marionetten- oder Spielfilme) wie in Tschechien. Weltruhm genießen auch die sich schon seit über 80 Jahren neckenden Vater-und-Sohn-Holzfiguren. Vorstellungen für Kinder gibt es leider nur auf Tschechisch; Erwachsene haben die Chance auf eine deutschsprachige Abendvorstellung.

Ballett	balet ['balät]
Dirigent	dirigent ['dirigänt]
Eintrittskarte	vstupenka ['fsstupänka]
Festival	festival ['fässtiwal]
Film	film [film]
Kasse	pokladna ['pokladna]
Kino	kino ['kino], biograf ['bijograf]
Komponist/in	(hudební) skladatel/ka [('hudäbnjih) 'sskladatäl/ka]
Konzert	koncert ['konsärt]
Musical	muzikál ['musikahl]
Oper	opera ['opära]
Premiere	premiéra ['prämijähra]
Programm/-heft	program ['program]
Schauspiel	činohra ['tschinohra]
Theater	divadlo ['djiwadlo]
Veranstaltungskalender	přehled kulturních pořadů ['prschählät 'kulturnjihch 'porschaduh]
Vorstellung	představení ['prschäztawänjih]
Vorverkauf	předprodej ['prschät,prodäj]
Zirkus	cirkus ['zirkuss]

Strand & Sport

Wie weit ist es zum Strand?

Wer seinen Urlaub sportlich verbringen möchte, ist in Tschechien genau richtig: Wandern, Rad fahren, Ski laufen, Reiten, Fluss- und Wildwasserfahrten oder Eiskunstlaufen oder Golf spielen, es bleiben nur wenige Wünsche offen.
Auch wenn sie keine Kur brauchen, so sollten Sie doch die weltberühmten Kurorte besuchen wie Karlsbad, Marienbad oder Franzensbad. Natürlich können Sie dort auch Ihre Wehwehchen behandeln lassen. Die Preise sind meist recht erschwinglich.

IM SCHWIMMBAD/ AM WASSER	NA PLOVÁRNĚ / U VODY ['naplowarnje / 'uwodi]
Gibt es hier ein Freibad?/ Hallenbad?	Je tu někde koupaliště?/krytý bazén? ['jä tu 'njägdä 'koupalischtjä/'kritih 'basähn]
Ist es für Kinder nicht gefährlich?	Není to nebezpečné pro děti? ['nänjih to 'näbässpätschnäh 'prodjätji]
Ich möchte ... mieten.	Rád/ráda bych si pronajal/-a / vypůjčil/-a ... ['raht/'rahda bich ssi 'pronajal/-a / 'wiputschil/-a]
... ein Boot	... člun. [tschlun]
Was kostet es pro Stunde/Tag?	Kolik to stojí na hodinu/den? ['kolik to 'sstojih 'nahodjinu/'nadän]

SPORT	SPORT [ssport]
Welche Sportmöglichkeiten gibt es hier?	Jaké sporty je tu možné provozovat? [jakäh 'ssporti jä tu 'moschnäh 'prowosowat]
Gibt es hier ...	Je tu ... ['jä tu]
einen Tennisplatz?	tenisový kurt? ['tänissowih 'kurt]
eine Pferderennbahn?	dostihová dráha? ['dosstjihowah 'drahha]
Wo kann man hier angeln?	Kde se tu dá rybařit? ['gdä ssä tu 'dah 'ribarschit]
Ich möchte für zwei Tage/eine Woche ein Fahrrad mieten.	Chci si půjčit na dva dny/na týden kolo. [chzi ssi 'putschit 'nadwa 'dni/'natihdän 'kolo]
Ich möchte eine Bergtour machen.	Chtěl/-a bych podniknout horskou túru. ['chtjäl/-a bich podjnjiknout 'horsskou 'tuhru]
Können Sie mir eine interessante Route auf der Karte zeigen?	Můžete mi na mapě ukázat nějakou zajímavou trasu? ['muhschätä mi 'namapjä 'ukahsat 'njäjakou 'sajmawou 'trassu]
Wo kann ich ... ausleihen?	Kde si můžu vypůjčit ...? ['gdä ssi 'muhschu 'wiputschit]
Ich möchte einen ...kurs machen.	Chtěl/-a bych si udělat kurs ... ['chtjäl/-a bich ssi 'udjälat 'kurss]
Kann ich mitspielen?	Můžu si s vámi zahrát? ['muhschu ssi sswahmi 'sahraht]

Aktivurlaub	aktivní dovolená [aktiwnjih 'dowolänah]
Anfänger/in	začátečník/začátečnice ['satschahtätschnjihk/'satschahtätschnjizä]
Angel	udice ['udjizä]
~schein	bankovka ['bankofka]
Bademeister/in	plavčík/plavčice ['plaftschihk/'plaftschizä]
~ort	místo na koupání ['mihssto 'nakoupahnjih]
Ball	míč [mihtsch]
Basketball	košíková ['koschihkowah], basket ['basskät]
Bergsteigen	horolezectví ['horo,läsäztwih]

Bootsverleih	půjčovna loděk ['puhjtschowna 'lodjäk]
Doppel	čtyřhra ['tschtirschhra], dabl ['dabl]
Dusche	sprcha ['ssprcha]
Eintrittskarte	vstupenka ['fsstupänka]
Einzel	dvouhra ['dwouhra], singl ['ssingl]
Eis|bahn	kluziště ['klusischtjä]
~hockey	lední hokej ['lädjnjih 'hokäj]
Ergebnis	výsledek ['wihsslädäk]
Fallschirmspringen	parašutistika ['para,schutisstika]
Federball	badminton ['bädmin(k)ton]
Fußball	kopaná ['kopanah]
~mannschaft	fotbalové mužstvo ['fodbalowäh 'muschsstwo]
~platz	fotbalové hřiště ['fodbalowäh 'hrschischtjä], -ý stadión [-ih 'sstadijohn]
~spiel	fotbal ['fodbal]
gewinnen	vyhrát/zvítězit ['wihraht/'swihtjäsit]
Golf	golf ['golf]
~platz	golfové hřiště ['golfowäh 'hrschischtjä]
~schläger	golfová hůl *sing* ['golfowah 'huhl]
Gymnastik	gymnastika ['gimnasstika]
Halbzeit	poločas ['polotschass]
Handball	házená ['hahsänah]
joggen	džogovat ['dschogowat], běhat ['bjähat]
Jogging	jogging ['dschogink]
Kanu	kánoe ['kahnoj]
Kasse	pokladna ['pokladna]
kegeln	hrát kuželky ['hraht 'kuschälki]
Kurs	kurs [kurss]
Langlauf	běh na lyžích ['bjäch 'nalischihch]
Leichtathletik	lehká atletika ['lächkah 'atlätika]
Luftmatratze	nafukovací matrace ['nafukowazih 'madrazä]
Mannschaft	mužstvo ['muschsstwo], družstvo [druschsstwo]
Meisterschaft	mistrovství ['misstrofsstwih]
Minigolf	minigolf ['minigolf]
Motorboot	motorový člun ['motorowih tschluhn]
Netz	síť [ssihtj]
Nichtschwimmer	neplavci *pl* ['näplafzi]
Niederlage	porážka ['porahschka]
Paddelboot	kajak/kánoe ['kajak/'kahnoj]
Pferd	kůň [kuhnj]
Programm	program ['program]
Rad fahren	jezdit na kole ['jäsdjit 'nakolä]
Radtour	cykloturistika ['ziklo,turisstika], výlet na kole ['wihlät 'nakolä]
Regatta	regata ['rägata]
reiten	jezdit na koni ['jäsdjit 'nakonji]
Reitsport	jezdecký sport ['jäsdäzkih ssport]
Rennen	závody ['sahwodi]
Ruderboot	veslice ['wässlizä], pramice ['pramizä]
rudern	veslovat ['wässlowat]

Sand	písek ['pihssäk]
Sauna	sauna ['ssauna]
Schiedsrichter	rozhodčí ['roshotschih], soudce ['ssouzä]
Schlauchboot	nafukovací člun ['nafukowazih 'tschlun]
Schlepplift	lyžařský vlek ['lischarschsskih 'wläk]
Schlitten	saně [ssanjä]
~ fahren	jízda na saních ['jihsda 'nassanjihch]
Schlittschuhe	brusle ['brusslä]
Schwimmbad	koupaliště ['koupalischtjä], plovárna ['plowahrna]
schwimmen	plavat ['plawat]
Schwimmer/in	plavec/plavkyně ['plawäz/'plafkinjä]
Schwimm|flügel	nafukovací rukávky ['nafukowazih 'rukahfki]
~ring	plovací kruh ['plowazih 'kruch]
Segel|boot	plachetnice ['plachätjnjizä]
~fliegen	plachtění [plachtjäni]
segeln	plachtit ['plachtjit]
Seilbahn	lanovka ['lanofka]
Sessellift	sedačková lanovka ['ssädatschkowah 'lanofka]
Sieg	vítězství ['wihtjässtwih]
Ski	lyže ['lischä]
~laufen	lyžování ['lischowahnjih]
Solarium	solárium ['ssolahrijum]
Sonnenschirm	slunečník ['sslunätschnjihk]
Spiel	hra [hra]
Sportler/in	sportovec/sportovkyně ['ssportowäz/'ssportofkinjä]
Sportplatz	sportovní hřiště ['ssportownjih 'hrschischtjä]
Sprungbrett	skokanské prkno ['sskokansskäh 'prkno]
Start	start [sstart]
tauchen	potápět se ['potahpjät ssä]
Tennis	tenis ['täniss]
~schläger	tenisová raketa ['tänissowah 'rakäta]
Tischtennis	stolní tenis ['sstolnjih 'täniss], pingpong ['pinkponk]
~schläger	pingpongová pálka ['pinkpongowah 'pahlka]
Tor	branka ['branka]
~wart	brankář ['brankahrsch]
Tretboot	šlapací člun ['schlapazih tschlun]
Turnen	gymnastika ['gimnasstika]
unentschieden	nerozhodně ['näroshodjnjä]
verlieren	prohrát ['prohraht]
Volleyball	odbíjená ['odbihjänah], volejbal ['woläjbal]
wandern	pěstovat turistiku ['pjässtowat 'turisstiku], chodit na túry ['chodjit 'natuhri]
Wanderweg	turistická cesta ['turisstizkah 'zässta]
Wasserball	vodní pólo ['wodjnjih 'pohlo]
Wettkampf	zápas ['sahpass]

Mit Kindern unterwegs

Für die Kleinsten das Größte

Wer mit Kindern unterwegs ist, findet zwar in den meisten Hotels und Restaurants alles vor, aber der Standard hat noch nicht Westniveau erreicht. Es gibt auch viele Spielplätze, wobei manche noch aus der Zeit des Sozialismus stammen. Ein futuristisch anmutender Spielplatz befindet sich z. B. unter der Karlsbrücke. Der Prager Zoo ist schon allein durch seine reizvolle landschaftliche Lage und seine Tierzüchtungen einen Tagesausflug wert.

Von Kind zu Kind

Wie heißt du?	Jak se jmenuješ? ['jak ssä 'mänujäsch]
Ich heiße …	Jmenuju se… ['mänuju ssä]
Woher kommst du?	Odkud jsi? ['otkut ssi]
Ich komme aus …	Já jsem z … ['jah ssäm s …]
Willst du mit mir spielen?	Chceš si se mnou hrát? ['chzäsch ssi 'ssämnou 'hraht]

Gibt es auch Kinderportionen?	Dáváte taky dětské porce? ['dahwahtä 'taki 'djäzkäh 'porzä]
Könnten Sie mir bitte das Fläschchen warm machen?	Můžete mi ohřát lahvičku? ['muhschätä mi 'ohhrschaht lahwitschku]
Wo kann ich stillen?	Kde můžu kojit? [gdä muschu kojit]
Bitte bringen Sie noch einen Kinderstuhl.	Prosím vás, přineste ještě dětskou židličku. ['prossihm vahs 'prschinästä äschtjä 'djäzkou 'schidlitschku]

Babysitter	paní k dětem ['panji 'gdjätäm]
Flaschenwärmer	ohřívač lahviček ['ohrschiwatsch 'lahhwitschäk]
Kinderautositz	dětská autosedačka ['djäzkah 'autossädatschka]
Kinderbetreuung	opatrování dětí ['opatrowahnjih 'djätjih]
Kinderbett	dětská postýlka ['djäzkah 'posstihlka]
Kinderkrankenhaus	dětská nemocnice ['djäzkah 'nämoznjizä]
Kindernahrung	dětská výživa ['djäzkah 'wihschiwa]
Schnuller	dudlík ['dudlihk]
Schwimmflügel	křidýlka na plavání ['krschihdilka 'naplawanjih]
Schwimmring	kolo na plavání ['kolo 'naplawanji]
Spielkameraden	kamarádi na hraní [kamarahdji 'nahranjih]
Spielplatz	hřiště ['hrschischtjä]
Spielsachen	hračky ['hratschki]
Wickeltisch	stůl na přebalování ['stuhl 'naprschäbalowanjih]

Wau!

Kuh	bú	['buu]
Schaf	bé	['bää]
Ziege	mé	['mää]
Vogel	píp píp	['piip piip]
Henne	koko kokodák	['kokokokodaak]
Hahn	kykyryký	['kikirikii]
Hund	haf haf	['haff 'haff]
Katze	mňau	['mnjau]

Strand
pláž
['plahsch]
Burg
hrad
['hrat]
WELLE
Umziehkabine
kabina
['kabina]
1 2 3
Sonnenschirm
slunečník
['sslunätschnjihk]
Eiskrem
zmrzlina
['smrslina]
Bademeister
plavčík
['plaftschihk]
Segelboot
plachetnice
['plachätnjizä]
Schaufel
lopatka
['lopatka]
Handtuch
ručník
['rutschnjihk]
Floß
vor
['wor]
Ball
míč
['mihtsch]
Wasser
voda
['woda]

Kinder-
sachen

Behinderte auf Reisen

Bahn frei ...

Erst seit einiger Zeit ist man dabei, die Infrastruktur den Behinderten anzupassen. Es gibt nur wenige Rampen, und eine Fahrt auf den schnellen Rolltreppen zur Metro kann für Rollstuhlfahrer zum gefährlichen Abenteuer werden. Auch beim Ein- und Ausstieg in Straßenbahnen und Bussen ist man auf die Hilfe anderer angewiesen. Doch die große Hilfsbereitschaft der Tschechen wiegt so manche technische Unzulänglichkeit auf.

Ich bin ...	Jsem... [ssäm]
körperbehindert.	tělesně postižený *m* postižená *f*. ['tjälässnjä 'posstjischänii 'posstjischänaa]
sehbehindert.	nevidomý/-á . ['näwidomii/-aa]
Ich habe ...	Mám ... [maam]
eine Gehbehinderung.	postižené nohy. ['posstjischänää 'nohi]
Multiple Sklerose.	roztroušenou sklerózu. ['rosstrouschänou 'skläroosu]

amputiert	amputovaný/-á ['amputowanii/'amputowanaa]
behindertengerecht	vhodné pro postižené ['whodnää 'proposstjischänää]
Behindertenparkplatz	parkoviště pro postižené ['parkowischtjä 'proposstjischänää]
Behindertentoilette	záchod pro postižené ['saachot 'proposstjischänää]
blind	slepý/-á ['ssläpii/'ssläpaa]
ebenerdig	na úrovni terénu ['nauurownji 'täräänu]
Einstiegshilfe	nástupní pomoc ['naastupnjii 'pomots]
gehbehindert	nechodící ['nächodjiitsii]
Gehbehinderte/r	nechodící ['nächodjiitsii]
gehörlos	neslyšící ['nässlischiitsii]
geistig behindert	duševně postižený/-á ['duschäwnjä 'posstjischänii/'posstjischänaa]
Hörbehinderte/r	nedoslýchavý/-á ['nädössliichawii/'nädossliichawaa]
Hörgeschädigte/r	sluchově postižený/-á ['ssluchowjä 'posstjischänii/'posstjischänaa]
Körperbehinderung	tělesné postižení ['tjälässnää 'posstjischänjii]
Krücke	berle ['bärlä]
pflegebedürftig	vyžadující péči ['wischadujiitsii 'päätschi]
querschnittsgelähmt	ochrnutý příčným porušením míchy ['ochrrnutii 'prschiitschniim 'poruschänjiim 'miichi]
Rampe	rampa ['rampa]
Rollstuhl	invalidní vozík ['inwalidjnjii'wosiik]
rollstuhlgerecht	přizpůsobené na invalidní vozíky ['prschisspussbänää'nainwalidjnjii'wosiiki]
Schwerstbehinderte/r	tělesně těžce postižený/-á (TTP) ['tjälässnjä 'tjäschtsä 'posstjischäni/ 'posstjischänaa (tätä'pää)]
sehbehindert	zrakově postižený/-á ['srakowjä 'posstjischänii/posstjischänaa]
stumm	němý/-á ['njämii/'njämaa]
taub	hluchý/-á ['hhluchii/'hhluchaa]
taubstumm	hluchoněmý/-á ['hhluchonjämii/'hhluchonjämaa]
Zugänglichkeit	přístupnost ['prschiistupnost]

Von A bis Z
Praktische Hinweise

Die Warteschlangen „fronta" ['fronta] sind leider noch nicht ganz ausgestorben. Auf Ämtern, Bahnhöfen, in Banken und in manchen Geschäften kann man leicht in eine geraten. Gelangt man endlich am Schalter an, macht man leider gelegentlich noch Bekanntschaft mit einem weiteren Erbe des Sozialismus: der Unfreundlichkeit.
Doch die Wartezeit hat auch ihre positive Seite: Die mitwartenden Einheimischen geben Ihnen gerne Tipps, z. B. wo man etwas gut und günstig einkaufen kann.

ARZT	LÉKAŘ ['lähkarsch]
Beim Arzt	**U lékaře** ['uläkarschä]
Können Sie mir einen guten … empfehlen?	Můžete mi doporučit nějakého dobrého …? ['muhschätä mi 'doporutschit 'njäjakähho 'dobrähho]
Arzt	lékaře ['lähkarschä]
Augenarzt	očního lékaře ['otschnjihho 'lähkarschä]
Frauenarzt	gynekologa ['ginäkologa]
Hals-Nasen-Ohren-Arzt	krčního, nosního, ušního lékaře ['krtschnjihho 'nossnjihho 'uschnjihho 'lähkarschä]
Hautarzt	kožního lékaře ['koschnjihho 'lähkarschä]
Kinderarzt	dětského lékaře ['djäzkähho 'lähkarschä]
Urologen	urologa ['urologa]
Zahnarzt	zubního lékaře ['subnjihho 'lähkarschä], zubaře ['subarschä]
Wo ist seine Praxis?	Kde má ordinaci? ['gdä mah 'ordinazi]
Was für Beschwerden haben Sie?	Jaké máte potíže? ['jakäh 'mahtä 'potjihschä]
Ich habe Fieber.	Mám horečku. ['mahm 'horätschku]
Mir ist oft schlecht.	Bývá mi často nevolno. ['bihwah mi 'tschassto 'näwolno]
Mir ist oft schwindelig.	Mívám závratě. ['mihwahm 'sahwratjä]
Ich bin ohnmächtig geworden.	Omdlel/-a jsem. ['omdläl/-a ssäm]
Ich habe Kopfschmerzen/ Halsschmerzen	Bolí mě hlava/v krku. ['bolih mnjä 'hlawa/'fkrku]
Ich habe Husten	Mám kašel. ['mahm 'kaschäl]
Ich bin gestochen/ gebissen worden.	Něco mě štíplo/kouslo. ['njäzo mnjä 'schtjihplo/'kousslo]
Ich habe mir den Magen verdorben.	Mám zkažený žaludek. ['mahm 'sskaschänih 'schaludäk]
Ich habe Durchfall/ Verstopfung.	Mám průjem/zácpu. ['mahm 'pruhjäm/'sahz-pu]
Ich habe mich verletzt.	Poranil/-a jsem se. ['poranjil/-a ssäm ssä]
Wo tut es weh?	Kde to bolí? ['gdä to 'bolih]
Ich habe hier Schmerzen.	Mám bolest tadyhle. ['mahm 'bolässt 'tadihlä]
Ich bin Diabetiker/in.	Jsem diabetik/diabetička. ['ssäm 'dijabätik/'dijabätitschka]
Ich bin schwanger.	Jsem těhotná. [ssäm 'tjähotnah]
Können Sie mir bitte etwas gegen … geben?	Můžete mi dát něco proti …? ['muhschätä mi 'daht 'njäzo 'protji]
Normalerweise nehme ich …	Normálně beru/užívám … ['normahlnjä 'bäru/'uschihwahm]

Beim Zahnarzt	**U zubaře** ['usubarschä]
Ich habe (starke) Zahnschmerzen.	Mám (silné) bolesti zubů. ['mahm ('ssilnäh) 'bolässtji 'subuh]
Dieser Zahn (oben/unten/vorn/hinten) tut weh.	Bolí mě tento zub (nahoře/dole/vpředu/vzadu). ['bolih mnjä 'tänto 'sup ('nahorschä/'dolä/ 'fprschädu/'wsadu)]
Ich habe eine Füllung verloren.	Vypadla mi plomba. ['wipadla mi 'plomba ('blomba)]
Mir ist ein Zahn abgebrochen.	Ulomil se mi zub. ['ulomil ssä mi 'sup]
Ich muss ihn plombieren.	Musím ho zaplombovat. ['mussihm ho 'sablombowat]
Ich muss ihn ziehen.	Musím ho vytrhnout. ['mussihm ho 'witrhn-
Geben Sie mir bitte eine Spritze.	Dejte mi prosím injekci. ['däjtä mi prossihm 'injäkzi]
Geben Sie mir bitte keine Spritze.	Prosím bez injekce. ['prossihm 'bäss injäkzä]
Im Krankenhaus	**V nemocnici** ['wnämoznjiz]
Wie lange muss ich hier bleiben?	Jak dlouho tady musím zůstat? ['jag 'dlouho 'tadi 'mussim 'suhsstat]
Wann darf ich aufstehen/ausgehen?	Kdy budu moci vstát/chodit ven? ['gdi 'budu mozi fsstaht/'chocjit wän]

Abszess	absces ['abzäss], vřed [wrschät]
Aids	aids [ajz]
Allergie	alergie ['alärgijä]
ansteckend	nakažlivý ['nakaschliwih]
Arm	paže ['paschä], ruka ['ruka]
Asthma	astma ['asstma], záducha ['sahducha]
Atembeschwerden	dýchací potíže ['dihchazih 'potjihschä]
atmen	dýchat ['dihchat]
Auge	oko ['oko]
Ausschlag	vyrážka ['wirahschka]
Bänderriss	natržené vazivo ['natrschänäh 'wasiwo]
Bauch	břicho ['brschicho]
Bein	noha ['noha]
bewusstlos	v bezvědomí ['wbäswjädomih]
Blähungen	nadýmání ['nadihmahnjih]
Blase	močový měchýř ['motschowih 'mnjächihrsch]
Blinddarm	slepé střevo ['ssläpäh 'sstrschäwo]
Blut	krev [kräf]
~druck	tlak vzduchu ['tlag 'wsduchu]
bluten	krvácet ['krwahzät]
Blutvergiftung	otrava krve ['otrawa 'krwä]
Bronchitis	zánět průdušek ['sahnjät 'pruhduschäk]
Bruch	kýla ['kihla]
Brust	hruď/prsa ['hrudj/'prssa]

Darm	střevo ['sstrschäwo]
Diabetes	cukrovka ['zukrofka]
Durchfall	průjem ['pruhjäm]
Eiter	hnis [hnjiss]
Entzündung	zánět ['sahnjät]
erbrechen, sich	zvracet ['swrazät]
erkälten, sich	nachladit se ['nachladjit ssä], nastydnout se ['nasstidnout ssä]
Fehlgeburt	(samovolný) potrat [('ssamowolnih) 'potrat]
Fieber	horečka ['horätschka]
Finger	prst [prsst]
Fuß	noha ['noha]
Gallenblase	žlučník ['schlutschnjihk]
gebrochen	zlomený/-á ['slomänih/-ah]
Gehirn	mozek ['mosäk]
~erschütterung	otřes mozku ['otrschäss 'mossku]
~schlag	mozková mrtvice ['mosskowah 'mrtwizä]
Gelenk	kloub [kloup]
Geschlechts|krankheit	pohlavní nemoc ['pohlawnjih 'nämoz]
~organe	pohlavní orgány ['pohlawnjih 'orgahni]
geschwollen	oteklý ['otäklih]
Geschwür	vřed [wrschät]
Gesicht	obličej ['oblitschäj]
Grippe	chřipka ['chrschipka]
Hals	krk [krk]
~schmerzen	bolesti v krku ['bolässtji 'fkrku]
Hand	ruka ['ruka]
Haut	kůže ['kuhschä]
Herz	srdce ['ssrzä]
~anfall	srdeční záchvat ['ssrdätschnih 'sahchwat]
~beschwerden	srdeční obtíže ['ssrdätschnjih 'optjihschä]
~fehler	srdeční vada ['ssrdätschnjih 'wada]
~infarkt	(srdeční) infarkt [('ssrdätschnjih) 'infarkt]
~schrittmacher	kardiostimulátor ['kardijo,sstimulahtor]
Hexenschuss	ústřel ['uhsstrschäl], houser ['houssär]
Hüfte	bok [bok]
Husten	kašel ['kaschäl]
impfen	očkovat ['otschkowat]
Impfung	očkování ['otschkowahnjih]
Infektion	infekce ['infäkzä]
Ischias	ischias ['ischijass]
Kiefer	čelist ['tschälisst]
Kinderlähmung	dětská obrna ['djäzkah 'obrna]
Knie	koleno ['koläno]
Knöchel	kotník ['kotjnjihk]
Knochen	kost [kosst]
~bruch	zlomenina (kosti) ['slomänjina ('kosstji)]
Kolik	kolika ['kolika]
Kopf	hlava ['hlawa]
~schmerzen	bolesti hlavy ['bolässtji 'hlawi]

Krampf	křeč [krschätsch]
krank	nemocný/-á ['nämoznih/-ah]
Kranken|haus	nemocnice ['nämoznjizä]
~schein	letenka ['lätänka]
~schwester	zdravotní sestra ['sdrawotjnjih 'ssässtra], ošetřovatelka ['oschätrschowatälka]
Krankheit	nemoc ['nämoz]
Krebs	rakovina ['rakowina]
Kreislaufstörung	porucha krevního oběhu ['porucha 'kräwnjihho 'objähu]
Kur	lázně ['lahsnjä], kúra ['kuhra]
Lähmung	obrna ['obrna]
Lebensmittelvergiftung	otrava potravinami ['otrawa 'potrawinami]
Leber	játra ['jahtra]
Leistenbruch	tříselná kýla ['trschihssälnah 'kihla]
Lippe	ret [rät]
Loch *(im Zahn)*	zubní kaz ['subnjih kass]
Lunge	plíce ['plihzä]
Magen	žaludek ['schaludäk]
~schmerzen	bolesti žaludku ['bolässtji 'schalutku]
Mandeln	mandle ['mandlä]
Masern	spalničky ['sspalnjitschki]
Menstruation	menstruace ['mänsstruazä]
Migräne	migréna ['migrähna]
Mittelohrentzündung	zánět středního ucha ['sahnjät 'sstrschädjnjihho 'ucha]
Mumps	příušnice ['prschih uschnjizä]
Mund	ústa ['uhssta], pusa ['pussa]
Muskel	sval [sswal]
Narbe	jizva ['jiswa]
Narkose	narkóza ['narkohsa]
Nase	nos [noss]
Nerv	nerv [närf]
nervös	nervózní ['närwohsnjih]
Nieren|entzündung	zánět ledvin ['sahnjät 'lädwin]
~stein	ledvinový kámen ['lädwinowih 'kahmän]
Ohnmacht	mdloby *pl* ['mdlobi], bezvědomí ['bäswjädomih]
Ohr	ucho ['ucho]
Operation	operace [opärazä]
Plombe	plomba ['plomba ('blomba)]
Pocken	plané neštovice ['planäh 'näschtowizä]
Praxis	ordinace ['ordinazä]
Prellung	odražení ['odraschänjih]
Prothese	protéza ['protähsa]
Puls	puls [pulss], tep [täp]
Quetschung	pohmožděnina ['pohmoschdjänj na]
Rheuma	revmatismus ['räwmatismuss]
Rippe	žebro ['schäbro]
röntgen	rentgenovat ['rändgänowat]
Röntgenaufnahme	rentgenový snímek ['rändgänowih 'ssnjihmäk]

Röteln	zarděnky ['sardjänki]
Rücken	záda ['sahda]
~schmerzen	bolesti v zádech ['bolässtji 'wsahdäch]
Rückgrat	páteř ['pahtärsch]
Salmonellen	salmonely ['ssalmonäli]
Schädel	lebka ['läpka]
Schienbein	holenní kost ['holänjih 'kosst]
Schlaflosigkeit	nespavost ['nässpawosst]
Schlaganfall	mrtvice ['mrtwizä], záchvat mrtvice ['sahchwat 'mrtwizä]
Schmerzen	bolesti ['bolässtji]
Schnittwunde	řezná rána ['rschäsnah 'rahna]
Schnupfen	rýma ['rihma]
Schulter	rameno ['ramäno]
Schüttelfrost	zimnice ['simnjizä]
Schwangerschaft	těhotenství ['tjähotänsstwih]
Schwellung	otok ['otok], zduření ['sdurschänjih]
Schwindel	závrať ['sahwratj]
Speiseröhre	jícen ['jihzän]
Sprechstunde	ordinace ['ordinazä]
Spritze	injekce ['injäkzä]
Station	(nemocniční) oddělení [('nämoznjitschnjih) 'odjälänjih]
Stirnhöhlenentzündung	zánět čelních dutin ['sahnjät 'tschälnjihch 'dutjin]
Stuhlgang	stolice ['sstolizä]
Tetanus	tetanus ['tätanuss]
Trommelfell	ušní bubínek ['uschnjih 'bubihnäk]
Übelkeit	nevolnost ['näwolnosst]
Ultraschalluntersuchung	vyšetření ultrazvukem ['wischätrschänjih 'ultraswukäm]
Unterleib	břicho ['brschicho], podbřišek ['podbrschischäk]
Untersuchung	prohlídka ['prohlihtka], vyšetření ['wischätrschänjih]
Urin	moč [motsch]
Verband	obvaz ['obwass]
verbinden	obvázat ['obwahsat]
Verbrennung	popálenina ['popahlänjina], spálenina ['sspahlänjina]
Verdauung	trávení ['trahwänjih]
Verdauungsstörung	porucha trávení ['porucha 'trahwänjih]
Vergiftung	otrava ['otrawa]
verletzen	poranit ['poranjit], zranit ['sranjit]
Verletzung	poranění ['poranjänjih], zranění ['sranjänjih]
verschreiben	předepsat ['prschädäpsat]
verstaucht	vymknutý ['wimknutih]
Verstopfung	zácpa ['sahzpa]
Virus	vir [wir], virus ['wiruss]
wehtun	bolet ['bolät]
Windpocken	plané neštovice ['planäh 'näschtowizä]
Wunde	rána ['rahna]

Zahn	zub [sup]
Zehe	prst u nohy ['prsst 'unohi]
Zerrung	natažení ['nataschänjih]
ziehen *(Zahn)*	vytrhnout ['witrhnout]
Zunge	jazyk ['jasik]

BANK/GELDWECHSEL	**BANKA/VÝMĚNA PENĚZ** [banka / wimnjäna pänjäs]
Wo ist hier bitte eine Bank/eine Wechselstube?	Kde je tady banka /směnárna prosím? ['gdä jä 'tadi 'banka/'ssmnjänahrna 'prossihm]
Wann öffnet/schließt die Bank?	V kolik hodin v bance otvírají/zavírají? ['fkolig 'hodjin 'wbanzä 'otwihrajih/'sawihrajih]
Ich möchte ... Euro (Schweizer Franken) in Kronen wechseln.	Chtěl/-a bych si vyměnit ... euro (švýcarských franků) na koruny. ['chtjäl/-a bichssi 'wimnjänjit ... 'ä-uro (schwihzarsskihch frankuh) 'nakoruni]
Wie ist heute der Wechselkurs?	Jaký je dnes kurs? ['jakih jä 'dnäss 'kurss]
Auf welchen Betrag kann ich den Scheck maximal ausstellen?	Na jakou nejvyšší částku můžu vystavit šek? ['najakou 'näjwischih 'tschahsstku 'muhschu 'wisstawit 'schäk]
Ihre Scheckkarte, bitte.	Ukažte mi prosím vaši šekovou kartu. ['ukaschtä mi 'prossihm 'waschi 'schäkowou 'kartu]
Darf ich bitte Ihren Pass/ Ausweis sehen?	Můžete mi ukázat váš pas/průkaz, prosím? ['muhschätä mi 'ukahsat wahsch 'pass/'pruhkass 'prossihm]
Würden Sie bitte hier unterschreiben?	Tady to laskavě podepište? ['tadi to 'lasskawjä 'podäpischtä]
Gehen Sie bitte zur Kasse.	Jděte prosím k pokladně. ['djätä 'prossihm 'kpokladjnjä]

Money, money ...

Bargeld sollte man in einer Bank tauschen, in Wechselstuben sind die Gebühren sehr hoch. Manche Wechselstuben locken mit „no comission charge", dafür ist der Kurs oft sehr schlecht. Das Günstigste ist ein Bankomat („bankomat" ['bankomat]), Kreditkarten und EC-Karten werden akzeptiert.

auszahlen	vyplatit ['wiplatjit]
Bank	banka ['banka]
Betrag	částka ['tschahsstka], obnos ['obnoss]
Euro	euro ['ä-uro]

Geheimzahl	tajné číslo ['tajnäh tschihsslo]
Geld	peníze ['pänjihsä]
~automat	peněžní automat ['pänjäschnjih 'automat]
~schein	bankovka ['bankofka]
~wechsel	výměna peněz ['wihmnjäna 'pänjäss]
Kleingeld	drobné ['drobnäh]
Kreditkarte	kreditní karta ['kräditjnjih 'karta]
Kurs	kurs ['kurss]
Münze	mince ['minzä]
Reisescheck	cestovní šek ['zässtownjih schäk]
Schalter	přepážka ['prschäpahschka]
Scheck	šek [schäk]
~karte	šeková karta ['schäkowah 'karta]
Schweizer Franken	švýcarské franky *pl* ['schwihzarsskäh 'franki]
umtauschen	vyměnit ['wimnjänjit]
Unterschrift	podpis ['potpiss]
Währung	měna ['mnjäna]
Wechsellkurs	(směnný) kurs [(ssmnjänih) kurss]
~stube	směnárna ['ssmnjänahrna]
Zahlung	platba ['pladba]

FUNDBÜRO — ZTRÀTY A NÀLEZY ['sstrahti a 'nahläsi]

Wo ist das Fundbüro, bitte?	Kde jsou tady ztráty a nálezy? ['gdä ssou 'tadi 'sstrahti a 'nahläsi]
Ich habe ... verloren.	Ztratil/-a jsem ... ['sstratjil/-a ssäm]
Ich habe meine Handtasche im Zug vergessen.	Zapomněl/-a jsem ve vlaku kabelku. ['sapomnjäl/-a ssäm 'wäwlaku 'kabälku]
Benachrichtigen Sie mich bitte, wenn sie abgegeben werden sollte.	Dejte mi prosím vědět, kdyby ji někdo odevzal. ['däjtä mi 'prossihm 'wjädjät 'gdibi jih 'njägdo 'odäwsdal]
Hier ist meine Hotelanschrift/Heimatadresse.	Tady je moje adresa do hotelu/domů. ['tadi jä mojä 'adrässa 'dohotälu/'domuh]

NAHVERKEHR — MÍSTNÍ DOPRAVA ['mistnji 'doprawa]

Bitte, wo ist die nächste ...-Haltestelle?	Kde je prosím nejbližší zastávka ...? ['gdä jä 'prossihm 'näjblischih 'sasstahfka]
Bus	autobusu ['autobussu]
Obus	trolejbusu ['troläjbussu]
Straßenbahn	tramvaje ['tramwajä]
U-Bahn	metra ['mätra]
Welche Linie fährt nach ...?	Která linka jede do ...? ['ktärah 'linka 'jädä 'do]
Wann fährt der Bus ab?	Kdy odjíždí ten autobus? ['gdi 'odjihschdjih tän 'autobuss]
Wo muss ich aussteigen/umsteigen?	Kde musím vystoupit/přestupovat? ['gdä 'mussihm 'wisstoupit/'prschässtupowat]

Fahrkarten

Fahrkarten für Straßenbahnen, Busse und Metro erhält man an Kiosken oder in Tabakläden. Je nach Fahrtlänge und -dauer gibt es Sondertarife. Fahrkarten sind günstig, Schwarzfahrten sehr teuer.

Wo kann ich den Fahrschein kaufen?	Kde si můžu koupit lístek? ['gdä ssi 'muhschu 'koupit 'lihsstäk]
Bitte, einen Fahrschein nach …	Prosím jeden lístek do … ['prossihm 'jädän 'lihsstäg 'do]

Abfahrt	odjezd ['odjässt]
aussteigen	vystoupit *pf* ['wisstoupit], vystupovat *ipf* ['wisstupowat]
Bus	autobus ['autobuss]
einsteigen	nastoupit *pf* ['nasstoupit], nastupovat *ipf* ['nasstupowat]
Fahrler/in	řidič/řidička ['rschidjitsch/'rschidjitschka]
~kartenautomat	automat na jízdenky ['automat 'najihsdänki]
~plan	jízdní řád ['jihsdnjih 'rschaht]
~preis	jízdné ['jihsdnäh]
~schein	jízdenka ['jihsdänka]
Haltestelle	zastávka ['sasstahfka]
Kontrolleur	revizor (jízdenek) ['räwisor (jihsdänäk)]
lösen *(Fahrschein)*	koupit jízdenku ['koupit 'jihsdänku]
Richtung	směr [ssmnjär]
Schaffner	průvodčí ['pruhwotschih]
Straße	*(Wohnstraße)* ulice ['ulizä], *(Fahrstraße)* silnice ['ssilnjizä]
Straßenbahn	tramvaj ['tramwaj], elektrika ['äläktrika]
Tageskarte	jízdenka na celý den ['jihsdänka 'nazälih 'dän]
U-Bahn	metro ['mätro]

Linie 22

Insider Tipp

Haben Sie schon einmal eine Stadt mit der Straßenbahn besichtigt? Mit nur einer Linie? Mit der Linie 22? Dann waren Sie schon einmal in Prag. Sie können die goldene Stadt in etwa 70 Minuten vom Arbeiterviertel Vrsovice vorbei am Nationaltheater, über die Moldau zum Kleinstädter Ring und hinauf zur Burg durchqueren. Sie können aber auch an jeder der 41 Stationen aussteigen und bei einer Sehenswürdigkeit verweilen.

Aber Vorsicht! Die Linie 22 wird auch „Pickpocker-Express" (Taschendiebexpress) genannt!

POLIZEI	POLICIE ['polizijä]
Wo ist bitte das nächste Polizeirevier?	Kde je tady nejblíž policie? ['gdä jä 'tadi 'näjblihsch 'polizijä]
Ich möchte einen Unfall anzeigen.	Chtěl/-a bych ohlásit nehodu. ['chtjäl/-a 'bich 'ohlahssit 'nähodu]
Mir ist ... gestohlen worden.	Ukradli mi ... ['ukradli mi]
die Handtasche	kabelku. ['kabälku]
die Brieftasche	náprsní tašku. ['nahprssnjih 'taschku]
mein Fotoapparat	fotoaparát. ['foto,aparaht]
mein Auto	auto. ['auto]
mein Fahrrad	kolo. ['kolo]
Mein Auto ist aufgebrochen worden.	Někdo se mi vloupal do auta. ['njägdo ssä mi 'wloupal 'do auta]
Aus meinem Auto ist ... gestohlen worden.	Ukradli mi z auta ... ['ukradli mi 'ss auta]
Ich habe ... verloren.	Ztratil/-a jsem ... ['sstratjil/-a ssäm]
Mein Sohn/Meine Tochter ist seit ... verschwunden.	Můj syn/Má dcera je od ... nezvěst-ný/-á. ['muhj 'ssin/'mah 'zära jä 'ot ... 'näswjässtnih/-ah]
Können Sie mir bitte helfen?	Prosím vás, můžete mi pomoct? ['prossihm wahss 'muhschätä mi 'pomozt]
Wir werden der Sache nachgehen.	My to prošetříme. ['mi to 'proschätrschihmä]
Ihren Namen und Ihre Anschrift, bitte.	Prosím vaše jméno a adresu. ['prossihm 'waschä 'mähno a 'adrässu]
Wenden Sie sich bitte an das deutsche/österreichische/Schweizer Konsulat.	Obraťte se prosím na německý/rakouský/švýcarský konzulát. ['obratjtä ssä 'prossihm 'nanjämäzkih/'rakousskih/'schwihzarsskih 'konsulaht]

anzeigen	ohlásit ['ohlahssit]
aufbrechen	vloupat se ['wloupat ssä]
Autolradio	autorádio ['auto,rahdijo]
~schlüssel	klíče od auta ['klihtschä 'ot auta]
belästigen	obtěžovat ['optjäschowat]

Langfinger

Leider hat sich auch in Tschechien mit dem Tourismus der Diebstahl ausgebreitet. Hoch begehrt sind Brieftaschen, Handys, Autos, eben das Übliche.

Brieftasche	náprsní taška ['nahprssnjih 'taschka]
Dieb	zloděj ['slodjäj]
~stahl	krádež ['krahdäsch]
Gefängnis	vězení ['wjäsänjih]
Geld	peníze ['pänjihsä]
Geldbörse	peněženka ['pänjäschänka]
Gericht	soud [ssout]
Papiere	doklady ['dokladi], papíry ['papihri]
Personalausweis	občanský průkaz ['optschansskih 'pruhkass]

Ein Ding drehen

Insider Tipp

Otočit ['vototschit] bedeutet „etwas drehen", wobei dieses Etwas ein Ding ist und dann klauen heißt.

Polizei	policie ['polizijä]
~wagen	policejní vůz ['polizäjnjih 'wuhss]
Polizist/in	policista/policistka ['polizissta/'polizisstka]
Rauschgift	omamný jed ['omamnih jät]
Rechtsanwalt/anwältin	advokát/-ka ['adwokaht/ka]
(Reise)Pass	(cestovní) pas [('zässtownjih) 'pass]
Richter/in	soudce/soudkyně ['ssouzä/'ssoutkinjä]
Scheck	šek [schäk]
~karte	šeková karta ['schäkowah 'karta]
Schlüssel	klíč [klihtsch]
Taschendieb	kapesní zloděj ['kapässnjih 'slodjäj]
Überfall	přepadení ['prschäpadänjih]
Verbrechen	zločin ['slotschin]
Vergewaltigung	znásilnění ['snahssilnjänjih]
verhaften	zatknout ['satknout]
verlieren	ztratit ['sstratjit]
zusammenschlagen	zbít [sbiht], zmlátit ['smlahtjit]

POST	POŠTA ['poschta]
Wo ist …	Kde je tady … ['gdä jä tadi]
das nächste Postamt?	nejbližší pošta? ['näjblihschih 'poschta]
der nächste Briefkasten?	poštovní schránka? ['poschtownjih 'ss chrahnka]
Wie viel kommt auf einen Brief/eine Postkarte …	Kolik se dává na dopis/na lístek … ['kolik ssä 'dahwah 'nadopiss/'nalihsstäk]
nach Deutschland?	do Německa? ['donjämäzka]
nach Österreich?	do Rakouska? ['dorakousska]
in die Schweiz?	do Švýcarska? ['doschwihzarsska]
Diesen Brief bitte per …	Tenhle dopis prosím … ['tänhlä 'dopiss 'prossihm]

Luftpost.	letecky. ['lätäzki]
Express.	expres. ['äkspräss]
Wie lange braucht ein Brief nach Deutschland?	Za jak dlouho dojde dopis do Německa? ['sajag 'dlouho 'dojdä'dopiss 'donjämäzka]

Absender	odesílatel ['odässilatäl]
Adresse	adresa ['adrässa]
aufgeben	podat ['podat]
ausfüllen	vyplnit ['wiplnjit]
Brief	dopis ['dopiss]
~kasten	poštovní schránka ['poschtownjih 'ss chrahnka]
~marke	známka ['snahmka]
~umschlag	obálka ['obahlka]
Eilbrief	expres ['äkspräss]
Empfänger	adresát ['adrässaht]
Formular	formulář ['formulahrsch]
frankieren	ofrankovat ['ofrankowat]
Gebühr	poplatek ['poplatäk]
Gewicht	váha ['wahha]
Hauptpostamt	hlavní pošta ['hlawnjih 'poschta]
Leerung	vybírání schránky ['wibihrahnjih 'ss chrahnki]
Luftpost, mit	letecky ['lätäzki]
Paket	balík ['balihk]
Porto	poštovné ['poschtownäh]
Post|amt	pošta ['poschta]
~karte	korespondenční lístek ['korässpondäntschnjih 'lihsstäk]
~leitzahl	poštovní směrovací číslo ['poschtownjih 'ssmnjärowazih 'tschihsslo]
Schalter	přepážka ['prschäpahschka]

TAXI — TAXI ['taxi]

Wo ist der nächste Taxistand?	Kde je tu nejbližší stanoviště taxiků? ['gdä jä tu 'näjblischih 'sstanowischtjä 'taxikuh]
Zum Bahnhof.	Na nádraží. ['nanahdraschih]
Zum ...-Hotel.	Do hotelu ... ['dohotälu]
In die ...-Straße.	Do ... ulice. ['do ... 'ulizä]
Nach ..., bitte.	Prosím do ... ['prossihm 'do]
Wie viel kostet es nach ...?	Kolik to bude stát do ...? ['kolik to 'budä 'sstah'do]
Halten Sie bitte hier.	Tady zastavte prosím. ['tadi 'sasstaftä 'prossihm]
Das ist für Sie.	To je pro vás. ['to jä 'prowahss]

Hallo, Taxi!

Taxis sind sehr gefragt und rar. Bestellen Sie sich deshalb sicherheitshalber eines vor (z. B. bei AAA). Und handeln Sie vorher den Preis aus. Sonst können Sie eine teure Überraschung erleben.

Fahrpreis	cena jízdenky ['zäna 'jihsdänki]
Taxilfahrer/in	taxikář/ka ['taksikahrsch/ka]
~stand	stanoviště taxiků ['sstanowischtjä 'taksikuh]
Trinkgeld	spropitné ['sspropitnäh]

TELEFONIEREN	TELEFONOVÀNÍ ['täläfonowanji]
Wo ist die nächste Telefonzelle?	Kde je tu nejbližší telefonní budka? ['gdä jä tu 'näjblischih 'täläfonjih 'butka]
Wie ist die Vorwahl von …?	Jaká je volačka pro …? ['jakah jä 'wolatschka 'pro]
Bitte ein Ferngespräch nach …	Prosím meziměstský hovor … ['prossihm 'mäsimnjässzkih 'howor]
Ich möchte ein R-Gespräch anmelden.	Chtěl/-a bych hovor na účet volaného. ['chtjäl/-a bi'howor 'na uhtschät 'wolanähho]
Gehen Sie in Kabine Nr. …	Jděte do kabiny číslo … ['djätä 'dokabini tschihsslo]
Hier spricht …	U telefonu …/Tady je … ['utäläfonu …/'tadi jä]
Hallo, mit wem spreche ich?	Haló, s kým mluvím prosím? ['haloh 'sskihm 'mluwihm 'prossihm]
Kann ich bitte Herrn/ Frau/Fräulein … sprechen?	Můžu mluvit s panem/s paní/se slečnou …? ['muhschu 'mluwit 'sspanäm/'sspanjih/ 'ssässlätschnou]
Am Apparat.	U telefonu. ['utäläfonu]
Tut mir Leid, er/sie ist nicht da/zu Hause.	Lituji, ale není bohužel tady/doma. ['lituji alä nänjih 'bohuschäl 'tadi/doma]
Kann er/sie Sie zurückrufen?	Může vám zavolat? ['muhschä wahm 'sawolat]
Ja, meine Nummer ist …	Ano, moje číslo je … ['ano 'mojä tschihsslo jä
Würden Sie ihm/ihr bitte sagen, ich hätte angerufen?	Řekl/-a byste mu/jí, prosím, že jsem volal/-a? [rschäk/-la bisstä mu/jih 'prossihm schä ssäm 'wolal/-a]

Am Apparat

Telefonkarten erhalten Sie bei der Post, am Kiosk und in Tabakläden. Vorsicht beim Telefonieren mit dem Handy, es kann sehr teuer werden.

Anruf	telefonát ['täläfonaht]
Auskunft	informace ['informazä]
Auslandsgespräch	mezistátní hovor ['mäsisstahtjnjih howor]
besetzt	obsazeno ['opsasäno]
Besetztzeichen	signál „obsazeno" ['ssignahl 'opsasäno]
Chipkarte	čipová karta['tschippowaa 'karta]
Fern|gespräch	meziměstský hovor ['mäsimnjässzkih 'howor]
~sprechamt	telefonní ústředna ['täläfonjih 'uhsstrschädna]
Gebühr	poplatek ['poplatäk], sazba ['ssasba]
Gespräch	hovor ['howor]
Handy	mobil['dwatjissiitsäjädna]
Münzfernsprecher	telefonní automat na mince ['täläfonjih 'automat 'naminzä]
Ortsgespräch	místní hovor ['mihsstnjih 'howor]
R-Gespräch	hovor na účet volaného ['howor 'na uhtschät 'wolanähho]
Telefon	telefon ['täläfohn]
~buch	telefonní seznam ['täläfonjih 'ssäsnam]
~gespräch	(telefonický) hovor [('täläfonizkih) howor]
~nummer	telefonní číslo ['täläfonjih 'tschihsslo]
~zelle	telefonní budka ['täläfonjih butka]
Verbindung	spojení ['sspojänjih]
Vermittlung	ústředna ['uhsstrschädna]
Vorwahlnummer	předvolba/volačka ['prschädwolba/'wolatschka]
wählen	vytáčet ['witahtschät]

ZOLL/ PASSKONTROLLE — CELNÍ/PASOVÀ KONTROLA [zälnji / pasowa 'kontrola]

Ihren Pass, bitte! — **Váš pas prosím!** ['wahsch 'pass 'prossihm]

Ihr Pass ist abgelaufen. — Máte prošlý pas. ['mahtä 'proschlih 'pass]

Haben Sie ein Visum? — Máte vízum? ['mahtä 'visum]

Kann ich das Visum hier bekommen? — Můžu dostat vízum tady? ['muhschu 'dosstat 'visum 'tadi]

Haben Sie etwas zu verzollen? — **Máte něco k proclení?** ['mahtä 'njäzo 'kprozlänjih]

Nein, ich habe nur ein paar Geschenke. — Ne, mám jenom pár dárků. ['nä 'mahm 'jänom 'pahr 'dahrkuh]

Fahren Sie bitte rechts/links heran.	Zajeďte si tady napravo/nalevo. ['sajätjtä ssi 'tadi 'naprawo/'nalävo]
Öffnen Sie bitte den Kofferraum/diesen Koffer.	Prosím otevřte zavazadlový prostor/tento kufr. ['prossihm 'otäfrschtä 'sawasadlowih 'prosstor/'tänto 'kufr]
Muss ich das verzollen?	Musím to proclít? ['mussihm to 'prozliht]

Ausfuhr	vývoz ['wihwoss]
Einfuhr	dovoz ['dowoss]
einreisen	vjet/vjíždět [wjät/'wjihschdjät], přijet/přijíždět ['prschijät/'prschijihschdjät]
Familien|name	příjmení ['prschihmänjih]
~stand	stav [sstaf]
ledig	svobodný ['sswobodnih]
verheiratet	*(Mann)* ženatý ['schänatih], *(Frau)* vdaná ['wdanah]
Witwer/Witwe	vdovec/vdova ['wdowäz/'wdowa]
Führerschein	řidičský průkaz ['rschidjitschsskih 'pruhkass], řidičák ['rschidjitschahk]
Geburts|datum	datum narození ['datum 'narosänjih]
~name	rodné jméno ['rodnäh '(j)mähno]
~ort	místo narození ['mihssto 'narosänjih]
Grenzübergang	hraniční přechod ['hranjitschnjih 'prschächot]
gültig	platný ['platnih]
Nummernschild	poznávací značka ['posnahwazih 'snatschka]
Passkontrolle	pasová kontrola ['passowah 'kontrola]

Gesichtskontrolle

Für die Einreise reicht ein deutscher Personalausweis. Auf einem Kinderausweis muss immer ein Foto des Kindes (unabhängig vom Alter) sein!

Personalausweis	občanský průkaz ['optschansskih 'pruhkass], občanka ['optschanka]
Reisepass	(cestovní) pas [('zässtownjih) 'pass]
Staatsangehörigkeit	státní příslušnost ['sstahtjnjih 'prschihssluschnosst]
Tollwut	vzteklina ['wsstäklina]
Visum	vízum ['wihsum]
Vorname	(křestní) jméno [('krschässtjnjih) '(j)mähno]
Wohnort	bydliště ['bidlischtjä]
Zoll	clo [zlo]
~frei	beze cla ['bäsäzla], bezcelní ['bässzälnjih]
~pflichtig	podléhající clu ['podlähhajihzih 'zlu]

Bloß nicht!

Diese Ausdrücke sollten Sie kennen, damit Sie wissen, wie Ihr Gesprächspartner Sie eventuell betitelt. Vorsicht: Für die Folgen eines unsachgemäßen Gebrauchs kann der Verlag nicht haftbar gemacht werden!

scheißen	srát ['ssraht]
furzen	prdět ['prdjet]
Scheiß mich nicht an! (= Ärger mich nicht!)	Neser mě! ['nesser mnje]
Das scheißt mich an! (= Das stinkt mir!)	To mě sere! ['to mnje ssere]
Arsch!	Prdel! ['prdel]
Scheiße!	Do prdele! ['doprdele]
Hure!; Scheiße!	Kurva ['kurwa]
(Charakter)sau, du Sau!	Svině ['sswinje]
Ochse!	Vůl! ['wuhl]
Du bescheuerter Ochse!	Vole pitomej! ['wole pitomej]

Die 1333 wichtigsten Wörter

Die hinter der tschechischen Aussprache aufgeführten Zahlen verweisen auf die entsprechenden Seiten der themenbezogenen Kapitel.
Bei Verben werden die perfektiven Formen genannt oder mit „*ipf*" (Imperfektiv) gekennzeichnet.
Das Geschlecht wird nur bei nicht eindeutigen Endungen angegeben.
Wenn nicht anders angegeben, wird das *Adjektiv* genannt, gegebenenfalls steht die Endung des Adverbs (durch Komma getrennt) nach dem Adjektiv.

A

ab od-, ode- ['ot- 'odä-]
abbestellen odhlásit ['odhlahssit]; zrušit objednávku ['sruschit 'objädnahfku]
Abend večer ['wätschär]
aber ale ['alä]
Abfahrt odjezd ['odjässt] ➢ 31f., 99
Abflug odlet ['odlät] ➢ 29
ablaufen *(Pass)* končí platnost ['kontschih 'platnosst]; *(Frist)* vypršet *pf* ['wiprschät]
ablehnen odmítnout ['odmihtnout]
Abreise odjezd ['odjässt] ➢ 68
abreisen (nach) odjet/odjíždět (do) ['odjät/'odjihschdjät]
Abschied rozloučení ['rosloutschänjih] ➢ 13
abschleppen odtáhnout ['otahhnout] ➢ 23, 25
Absender odesílatel ['odässilatäl] ➢ 102
abwärts dolů ['dolu]
Achtung pozor ['posor]
Adresse adresa ['adrässa] ➢ 102
alle všichni *m bel.* ['fschichni], všechny *m unbel., f* ['fschächni]
allein sám [ssahm], sama ['ssama]
alles všechno ['fschächno]
als *(Vergleich)* než [näsch]; *(Funktion)* jako ['jako]; *(wenn)* když [gdisch]
also tedy ['tädi]
alt starý, -ře ['sstarih -rschä]
Alter stáří ['sstahrschih] ➢ 10
Amt *(Dienststelle)* úřad ['uhrschat]
an na *(wo + präp, wohin + akk)* ['na]
anbieten nabídnout ['nabihdnout]
andere, der, die, das ~ druhý ['druhih], druhá ['druhah], druhé ['druhäh], druzí [drusih], druhé ['druhäh], druhá ['druhah]
ändern změnit/měnit ['smnjänjit/'mnjänjit]
anders jinak ['jinak]
Anfang začátek ['satschahtäk]
Angst strach [sstrach]
anhalten zastavit ['sasstawit]
ankommen přijet ['prschijät] ➢ 32
Ankunft přílet [prschihlät] ➢ 29
Anmeldung přihlášení ['prschihlahschänjih] přihláška ['prschihlahschka]
Anreisetag den příjezdu ['dän 'prschihjässdu]
Anruf telefonát ['täläfonaht] ➢ 104
anrufen (za)volat ['(sa)wolat], (za)telefonovat ['(sa) täläfonowat]
Anschluss spojení ['sspojänjih] ➢ 31
Anschrift adresa ['adrässa']
anstatt místo ['mihssto]
anstrengend namáhavý ['namahhawih]
antworten odpovědět ['otpowjädjät]
Apotheke lékárna ['lähkahrna] ➢ 51f.
Appetit chuť *f* [chutj]
arbeiten pracovat *ipf* ['prazowat]
ärgern, s. ~ zlobit se *ipf* ['slobit ssä] *(über etwas)* kvůli něčemu, *(über jdn)* na něhoho
Arm ruka *(Dualwort pl* ruce*)* ['ruka('ruzä)], paže *f* ['paschä]
Art druh [druch], způsob ['sspuhssop]
Arzt lékař ['lähkarsch] ➢ 92ff.
auch taky ['taki], také ['takäh]
auf (1) na (*wo + präp, wohin + akk*) [na]
auf (2) *(offen)* otevřený ['otäwrschänih]
aufbrechen vloupat se ['wloupat ssä] ➢ 100
Aufenthalt pobyt ['pobit] ➢ 32
aufgeben *(im Spiel)* vzdát (se)/vzdávat se [wsdaht (ssä)/'wsdahwat ssä]; *(Brief)* podat/podávat ['podat/'podahwat] ➢ 102
aufhören přestat ['prschässtat]
aufpassen (auf) dát/dávat pozor (na) ['daht/'dahwat 'posor]
aufstehen vstát [fsstaht]
Augenblick okamžik ['okamschik]
aus z, ze + *gen* ['ss/sä]
Ausfahrt výjezd ['wihjässt]
Ausflug výlet ['wihlät] ➢ 76
ausfüllen vyplnit ['wiplnjit] ➢ 102
Ausgang východ ['wihchot]
Auskunft informace *f* ['informazä] ➢ 22, 29, 31, 98f.
Ausländer/in cizinec/cizinka ['zisinäz/'zisinka]
außen venku ['wänku]
außer kromě + *gen* ['kromnjä]
außerdem mimo to ['mimo to], kromě toho ['kromnjä toho]
Aussicht výhled ['wihhlät] ➢ 76
aussprechen vyslovit ['wisslowit]
aussteigen vystoupit ['wisstoupit] ➢ 32, 98f.

Ausweis průkaz ['pruhkass]
Auto auto ['auto] ➢ 22ff.
Autopapiere doklady o autu [dokladi o autu]

B

Baby miminko ['miminko] ➢ 95ff.
Bahnhof nádraží ['nahdraschih] ➢ 31
bald brzo ['brso], brzy ['brsi] ➢ 18
Bank banka ['banka] ➢ 97f.
bar hotově ['hotowjä]
Baum strom [sstrom]
beachten dbát na *ipf* + *akk* ['dbaht 'na]; všimnout si ['fschimnout ssi]
Beanstandung reklamace ['räklamazä] ➢ 37, 67f.
beantworten zodpovědět ['sotpowjädjät]; –odpovědět ['otpowjädjät]
bedeuten znamenat *ipf* ['snamänat]
Bedienung obsluha ['opsluha]
beenden ukončit/končit ['(u)kontschit]
befinden, s. ~ nacházet se *ipf* ['nachahsät ssä]
befreundet sein být přáteli ['biht 'prschahtäli]
befürchten obávat se *ipf* + *gen* ['obahwat ssä]
begegnen potkat + *akk* ['potkat]
beginnen začít/začínat ['satschiht/'satschihnat]
begleiten doprovodit ['doprowodjit]
begrüßen pozdravit/zdravit ['posdrawit/'sdrawit] ➢ 8
behalten nechat si ['nächat ssi]
Behörde úřad ['uhrschat]
beinahe skoro ['sskoro]
beide oba *m* ['oba], obě *f, n* ['objä]
Beileid soustrast ['ssousstrasst]
Beispiel příklad ['prschihklat]
beißen kousnout ['koussnout]
beklagen, s. ~ über stěžovat si na *ipf* ['sstjäschowat ssi]
belästigen obtěžovat *ipf* ['optjäschowat] ➢ 100
beleidigen urazit ['urasit]
benachrichtigen dát zprávu ['daht 'ssprahwu]
benötigen potřebovat *ipf* ['potrschäbowat]
benutzen použít ['pouschiht]
Benzin benzín ['bänsihn] ➢ 22, 25
Berg hora ['hora]
Beruf povolání ['powolahnjih]
beruhigen uklidnit ['uklidjnjit]
beschädigen poškodit ['poschkodjit]
bescheinigen potvrdit ['potwrdjit]
beschlagnahmen zabavit ['sabawit]
beschließen rozhodnout ['roshodnout]
beschweren, s. ~ (über) stěžovat si na *ipf* + *akk* ['sstjäschowat ssi]
besetzt *adj* obsazený ['opsasänih]; *adv* obsazeno ['opsasäno] ➢ 33
besichtigen prohlédnout si/prohlížet si ['prohlähdnout ssi/'prohlihschät ssi]
Besichtigung prohlídka ['prohlihtka] ➢ 75ff.
besitzen vlastnit *ipf* ['wlasstnjiht]
Besitzer majitel ['majitäl], vlastník ['wlasstjnjihk]
besorgen obstarat ['opstarat], sehnat/shánět ['ssähnat/'ss chahnjät]
bestätigen potvrdit ['potwrdjit]
Besteck příbor ['prschihbor] ➢ 37
Bestellung objednávka ['objädnahfka] ➢ 36f.
bestimmt *adj* určitý ['urtschtih]; *adv* určitě ['urtschitjä]
besuchen, jdn ~ navštívit ['nafschtjihwit]
Betrag suma ['ssuma], položka ['poloschka] ➢ 97
betreten vstoupit ['fsstoupit]
betrinken, s. ~ opít se ['opiht ssä]
betrügen podvést/podvádět ['podwähsst/'podwahdjät]
betrunken opilý ['opilih]
Bett postel *f* ['posstäl], lůžko ['luhschko] ➢ 65ff.
Bewohner obyvatel *m* ['obiwatäl]
bewusstlos v bezvědomí ['wbäswjädomih] ➢ 93
bezahlen zaplatit ['saplatjit]
Biene včela ['ftschäla]
Bild obraz ['obrass]
billig levný ['läwnih], laciný ['lazinih]
bis do + *gen* [do], až [asch/asch], až do [asch do]
bisschen, ein ~ trochu ['trochu], trošku ['troschku]
bitte prosím ['prossihm] ➢ 8, 10
Bitte prosba ['prosba]
bitten, jdn um etw ~ poprosit/prosit (někoho o něco) ['poprossit/'prossit]
blau modrá *f* ['modrah]
bleiben zůstat (*1. sing* zůstanu)/ zůstávat ['suhsstat/'suhsstahwat]
Blitz blesk [blässk] ➢ 20, 54
Blume květina ['kwjätjina], kytka ['kitka]
Blut krev [kräf] ➢ 93
Böhmen Čechy *pl* ['tschächi]
Böhmerwald Šumava (a Český les) ['schumawa (a 'tschässkih läss)]
Boot loď *f* ['lotj], člun [tschlun]
böse *adj* zlý [slih]; *adv* zle [slä]
Botschaft velvyslanectví ['wäl͵wisslanäztwih]
Brand požár ['poschahr]
brauchen potřebovat *ipf* ['potrschäbowat]
brechen zlomit ['slomit]
breit široký ['schirokih]
Bremse brzda ['brsda] ➢ 23
brennen hořet *ipf* ['horschät]
Brief dopis *m* ['dopiss] ➢ 101f.
Brieftasche náprsní taška ['nahprssnjih 'taschka] ➢ 100f.
Brille brýle *pl f* ['brihlä] ➢ 60
bringen přinést ['prschinähsst]
Bruder bratr ['bratr]
Buch kniha ['knjiha]
buchstabieren hláskovat *ipf* ['hlahsskowat]
Bucht zátoka ['sahtoka]
Buchung rezervace ['räsärwazä] ➢ 29f., 34
Büro kancelář *f* ['kanzälahrsch]

C

Café kavárna ['kawahrna]
Camping kempink ['kämpinjk] ➢ 70f.
Chef šéf [schähf]
Cousin/e bratranec ['bratranäz] / sestřenice ['ssässtrschänjizä]

D

da tady ['tadi]
dafür sein být pro [ˌbiht 'pro]
dagegen sein být proti [ˌbiht 'protji]
daheim doma ['doma]
daher proto ['proto]
damals tenkrát ['tänkraht], tehdy ['tähdi]
Dame dáma ['dahma], paní ['panjih]
danach potom ['potom]
danke děkuji ['djäkuji] ➢ 8, 10
danken poděkovat ['podjäkowat] ➢ 8, 10
dann pak [pak], potom ['potom]
da sein být tady ['bihtadi]
dasselbe to samé [to 'ssamäh]
Datum datum ['datum] ➢ 18
Dauer doba (trvání) ['doba ('trwahnjih)]
dauern trvat *ipf* ['trwat]
Decke *(Bett~)* deka ['däka]
defekt defektní ['däfäktjnjih] ➢ 23, 25
dein(e) tvůj *m* (tvoje) [twuhj ('twojä)]
denken (an) myslet (na) *ipf* ['misslät ('na)]
denn neboť ['näbotj]
deshalb proto ['proto]
Deutsche, der, die ~ Němec ['njämäz], Němka ['njämka], *pl* Němci ['njämzi]
Deutschland Německo ['njämäzko]
dich tě [tjä]; *(betont)* tebe ['täbä]
dick tlustý ['tlusstih]
Diebstahl krádež ['krahdäsch] ➢ 100f.
diese(r, -s) tenhle *m* ['tänhlä], tahle *f* ['tahlä], tohle *n* ['tohlä], tihle *m bel. pl* ['tjihlä], tyhle *m unbel.* + *f pl* ['tihlä], tahle *n pl* ['tahlä]
Ding věc *f* [wjäz]
dir ti [tji]; *(betont)* tobě ['tobjä]
Direktor ředitel *m* ['rschädjitäl]
Disko diskotéka ['disskotähka] ➢ 78
doch přece ['prschäzä]; **(ja) ~!** ale ano! ['alä 'ano]
Doktor doktor ['doktor]
Donau Dunaj *m* ['dunaj]
doppelt dvojitý ['dwojtih]
Dorf vesnice *f* ['wässnjizä]
draußen venku ['wänku]
drin, drinnen vevnitř ['wäwnjitrsch], uvnitř ['uwnjitrsch]
dringend nutný ['nutnih]
Drogerie drogerie ['drogährijä] ➢ 52f., 63
du ty [ti]
dumm hloupý ['hloupih]
dunkel tmavý ['tmawih]
dünn *adj* tenký ['tänkih]; *adv* tence ['tänzä]; *(Mensch)* hubený ['hubänih]
durch skrz + *akk* [sskrss/sskrs]
Durchgang průchod ['pruhchot]
Durchreise průjezd ['pruhjässt], tranzit ['transit]
Durchreisevisum tranzitní vizum [transsitnih wissum]
durchschnittlich průměrný, -ně ['pruhmnjärnih -njä]
dürfen smět (*1. sing* smím) *ipf* [ssmnjät]
durstig žíznivý ['schihsnjiwih]

E

eben *(flach)* *adj* rovný ['rownih]; *(zeitlich)* *adv* právě ['prahwjä]
Ebene rovina ['rowina]
echt pravý ['prawih]
Ecke roh [roch]
Ehefrau žena ['schäna], manželka ['manschälka]
Ehemann muž [musch], manžel ['manschäl]
Ehepaar manželé *pl* ['manschäläh], manželský pár ['manschälsskih ˌpahr]
Ei vejce ['wäjzä], vajíčko ['waj(ih)tschko]
Eigenschaft vlastnost ['wlasstnosst]
Eigentümer vlastník ['wlasstjnjihk], majitel ['majitäl]
eilig *adv* spěšně ['sspjäschnjä]
ein(e) jeden ['jädän], jedna ['jädna], jedno ['jädno], *pl* jedni ['jädnji], jedny ['jädni], jedna ['jädna]
Einfuhr dovoz ['dowoss] ➢ 105
Eingang vchod [fchot]
einige několik ['njäkolik], někteří *m bel.* ['njäktärschih], některé *m unbel., f* ['njäktäräh]
einigen, s. ~ dohodnout se ['dohodnout ssä], shodnout se ['ss chodnout ssä]
einkaufen nakoupit ['nakoupit] ➢ 49ff.
einladen *(jdn zum Essen)* pozvat/zvát ['poswat/swaht]
einmal jednou ['jädnou]
einreisen vjet/vjíždět [wjät/'wjihschdjät], přijet ['prschijät]
eins jednou ['jädnou], kdysi ['gdissi]
einsam osamocený ['ossamozänih], samotný ['ssamotnih]
eintreten vstoupit ['fsstoupit]
Eintrittskarte vstupenka ['fsstupänka] ➢ 80, 83
Einwohner obyvatel ['obiwatäl]
Eisenbahn železnice ['schäläsnjizä], dráha [drahha] ➢ 31f.
Elektrohandlung obchod s elektropotřebami ['opchot 'ss äläktroˌpotrschäbami] ➢ 53f., 64
Eltern rodiče ['rodjitschä]
Empfang recepce ['räzäpzä], příjem ['prschihjäm], přijetí ['prschijätjih]
Empfänger adresát ['adrässaht] ➢ 102
empfehlen doporučit ['doporutschit]
enden skončit/končit ['sskontschit/'kontschit]
endgültig konečný ['konätschnih], definitivní ['däfinitiwnjih]
endlich *adv* konečně ['konätschnjä]
englisch anglický ['anglizkih]
Enkel/in vnuk/vnučka [wnuk/'wnutschka]
entdecken objevit ['objäwit]
entfernt vzdálený ['wsdahlänih]
entgegengesetzt opačný ['opatschnih]
entlang podél + *gen* ['podähl]
entscheiden rozhodnout ['roshodnout]
entschließen, s. ~ rozhodnout se *pf* ['roshodnout ssä]
Entschluss rozhodnutí ['roshodnutjih]
entschuldigen, s. ~ omluvit (se) ['omluwit (ssä)] ➢ 10
Entschuldigung omluva ['omluwa] ➢ 10
enttäuscht zklamaný/-á ['ssklamanih/-ah]

entweder ... oder bud' ...anebo ['butj a'näbo]
entwickeln vyvinout ['wiwinout]
er on [on]
Erde zem *f* [säm], země *f* ['sämnjä]
Erdgeschoss přízemí ['prschihsämih]
ereignen, s. ~ udát se ['udaht ssä], stát se *pf* (*3. sing* stane se) ['sstaht ssä]
Ereignis událost ['udahlosst]
erfahren zkušený ['sskuschänih]
erfreut mít radost ['miht 'radosst]
Ergebnis výsledek ['wihsslädäk] ➢ 83
erhalten obdržet ['obdrschät], dostat ['dosstat]
erhältlich, ist ~ je k mání ['jä 'kmahnjih], je k dostání [jä 'gdosstahnjih]
erholen, s. ~ zotavit se ['sotawit ssä], zrekreovat se ['sräkräowat ssä]
erinnern *(jdn an etw)* připomenout ['prschipomänout]; **s. ~** vzpomenout si ['fsspomänout ssi]
erkennen poznat ['posnat]
erklären vysvětlit ['wisswjätlit]
erkundigen, s. ~ informovat se *ipf* (o + *präp*) ['informowat ssä]
erlauben dovolit ['dowolit]
Erlaubnis povolení ['powolänjih]
erledigen vyřídit ['wirschihdjit]
Ermäßigung sleva ['ssläwa] ➢ 31, 33
ernst vážný ['wahschnih]
erreichen dosáhnout ['dossahhnout]
Ersatz náhrada ['nahhrada]
erschöpft vyčerpaný ['witschärpanih]
erschrecken vylekat ['wiläkat], polekat *pf* ['poläkat]
ersetzen nahradit ['nahradjit]
erst teprv ['täprf], teprve ['täprwä]
Erwachsene(r) dospělý *m* -á *f* ['dosspjälih/-ah]
erzählen vyprávět ['wiprahwjät] *ipf*
Erzgebirge Krušné hory ['kruschnäh 'hori]
Erziehung výchova ['wihchowa]
es (ono) to [('ono) to]
essbar jedlý ['jädlih]
Essen jídlo ['jihdlo] ➢ 35ff., 56ff.
etwa asi ['assi], přibližně ['prschiblischnjä]
etwas něco ['njäzo]
euch dat vám [wahm], *gen + akk + präp* vás [wahss]
euer, eure váš *m sing* [wahsch], vaše ['waschä]
Europa Evropa ['äwropa]
Europäer/in Evropan/-ka ['äwropan/ -nka]

F

Fabrik továrna ['towahrna]
fahren *(einmal)* jet *ipf* (*1. sing* jedu) [jät], *(mehrmals)* jezdit *ipf* ['jäsdjit]
Fahrkarte jízdenka ['jihsdänka] ➢ 33, 99
Fahrplan jízdní řád ['jihsdjnjih 'rschaht] ➢ 33, 99
Fahrrad (jízdní) kolo [('jihsdjnjih) 'kolo] ➢ 22ff.
Fahrstuhl výtah ['wihtach]
Fahrt jízda ['jihsda]
fallen (s)padnout/padat ['(ss)padnout/'padat]
falsch *(fehlerhaft) adv* špatně ['schpatjnjä]; *(gefälscht) adj* falešný ['faläschnih]
Familie rodina ['rodjina]
Familienname příjmení ['prschihmänjih] ➢ 105
Farbe barva ['barwa]
faul líný ['lihnih]
fehlen chybět *ipf* ['chibjät]
Fehler chyba ['chiba]
Feiertag svátek ['sswahtäk] ➢ 19
Feld pole *n* ['polä]
Fels skála ['sskahla]
Ferien prázdniny *f pl* ['prahsdjnjini]
Ferienhaus chata ['chata], chalupa ['chalupa] ➢ 69f.
Ferngespräch meziměstský hovor ['mäsimnjässzkih 'howor] ➢ 103f.
fertig *adj* hotový ['hotowih]; *adv* hotovo ['hotowo]
fest pevný ['päwnih]
Festland pevnina ['päwnjina]
fett tučný ['tutschnih], mastný ['masstnih]
feucht vlhký ['wlchkih]
Feuer oheň *m* ['ohänj]
Feuerlöscher hasicí přístroj ['hassizih 'prschihsstroj], minimax ['minimaks]
Feuermelder ohlašovač *m* požáru ['ohlaschowatsch 'poschahru]
Feuerwehr(leute) požárníci *m bel. pl* ['poschahrnjihzi], hasiči ['hassitschi]
Film film [film]
finden najít (*1. sing* najdu) ['najiht]
Firma firma ['firma]
Fisch ryba ['riba] ➢ 41, 44
Flasche láhev ['lahhäf], *ugs* flaška ['flaschka]
Fleisch maso ['masso] ➢ 45
Fliege moucha ['moucha]
fliegen *(einmal)* letět *ipf* ['lätjät], *(mehrmals)* létat *ipf* ['lähtat]
fließen téct *ipf* (*3. sing* teče) [tähzt]
flirten koketovat ['kokätowat], flirtovat *ipf* ['flirtowat] ➢ 11f.
Flug let [lät] ➢ 29ff.
Flugzeug letadlo ['lätadlo] ➢ 29ff.
Fluss řeka ['rschäka], tok [tok]
folgen následovat *ipf* ['nahsslädowat]
fordern žádat ['schahdat]
Formular formulář *m* ['formulahrsch] ➢ 102
fort pryč [pritsch]
fortsetzen pokračovat *ipf* ['pokratschowat]
Foto foto [fotto]
Fotogeschäft foto-kino ['foto,kino] ➢ 54
fotografieren fotografovat ['fotografowat], fotit ['fotjit]
Frage otázka ['otahsska]
fragen zeptat se/ptát se (*nach etwas* někoho, + *gen* na něco) ['säptat ssä/ 'ptaht ssä]
frankieren ofrankovat ['ofrankowat] ➢ 102
französisch francouzský ['franzousskih]
Frau *(Geschlecht)* žena ['schäna]; *(Anrede)* paní ['panjih]
Fräulein slečna ['sslätschna]
frei volno ['wolno]
fremd cizí ['zisih]
Fremde, der, die ~ cizí ['zisih]
Fremdenführer/in průvodce/průvodkyně ['pruhwozä/'pruhwotkinjä] ➢ 76
Freude radost ['radosst]

freuen, s. ~ auf těšit se (na něco) ['tjäschit ssä]; **s. ~ über** mít radost (z něčeho) ['miht 'radosst]
Freund/in přítel (*pl* přátelé)/přítelkyně ['prschihtäl ('prschahtäläh)/'prschihtälkinjä]
freundlich milý ['milih], laskavý ['lasskawih], přívětivý ['prschihwjätjiwih]
Freundlichkeit laskavost ['lasskawosst], přívětivost ['prschihwjätjiwosst]
Friede mír [mihr]
frieren mrznout *ipf* ['mrsnout]
frisch čerstvý ['tschärsstwih]
Frisör holič ['holitsch], kadeřník ['kadärschnjihk] ➢ 54f.
froh sein být rád/-a *f*/-i *pl* ['biht'raht/'rahda/'rahdji]
früh *(zeitig)* brzo ['brscho], brzy [brsi]; *(morgens)* ráno ['rahno]
frühstücken snídat *ipf* ['ssnjihdat] ➢ 42f., 67
fühlen cítit *ipf* ['zihtjit]
Führer/in *(für Fremde)* průvodce/průvodkyně ['pruhwozä/'pruhwotkinjä]
Führerschein řidičský průkaz ['rschidjitschsskih 'pruhkass] řidičák ['rschidjitschahk]
Führung prohlídka ['prohlihtka] ➢ 76
Fundbüro ztráty a nálezy ['sstrahti a 'nahläsi] ➢ 98
funktionieren fungovat *ipf* ['fungowat]
für *(Austausch)* za ['sa]; *(Bestimmung)* pro ['pro]; *(Zweck)* na ['na]
fürchten bát se *ipf* + *gen* ['baht ssä], mít strach ['miht 'sstrach]
fürchterlich strašný ['sstraschnih]

G

Gabel vidlička ['widlitschka]
Gang *(Flur)* chodba ['chodba]; *(im Auto)* rychlost ['richlosst] ➢ 25; *(beim Essen)* chod [chot]
ganz *adj* celý ['zälih]; *(gänzlich)* *adv* úplně ['uhplnjä]; *(relativ)* docela [ˌdozäla], dost [dosst]
Garage garáž *f* ['garahsch]
Garantie záruka ['sahruka]
Garten zahrada ['sahrada]
Gast host *m* [hosst]
Gastgeber/in hostitel/ka ['hosstjitäl/ka]
Gasthaus, Gasthof restaurace *f* ['rässtaurazä], hostinec ['hosstjinäz], hospoda ['hosspoda]
Gebäude budova ['budowa] ➢ 76
geben dát [daht]
Gebet modlitba ['modlidba]
Gebirge hory ['hori], pohoří ['pohorschih] ➢ 76
geboren narozený ['narosänih]; **geborene** *(Mädchenname)* rozená ['rosänah]
Gebühren poplatky *pl* ['poplatki] ➢ 102, 104
Geburt narození ['narosänjih]
Geburtsdatum datum narození ['datum 'narosänjih]
Geburtsname rodné jméno ['rodnäh '(j)mähno] ➢ 105
Geburtsort místo narození ['mihssto 'narosänjih] ➢ 105
Geburtstag narozeniny *f pl* ['narosänjini] ➢ 13
Gedanke myšlenka ['mischlänka]
gefährlich nebezpečný ['näbässpätschnih]
Gefallen laskavost ['lasskawosst], ochota ['ochota]
Gefängnis vězení ['wjäsänjih] ➢ 101
Gefühl cit [zit], pocit ['pozit]
gegen proti + *dat* ['protji]
Gegend kraj [kraj]; okolí ['okolih]
Gegenstand předmět ['prschädmnjät]
Gegenteil opak ['opak]
geheim tajný ['tajnih]
gehen *(einmal)* jít *ipf* (*1. sing* jdu) [jiht], *(mehrmals)* chodit *ipf* ['chodjit]
gehören patřit *ipf* ['patrschit]
Geistlicher duchovní ['duchownjih]
gelb žlutá *f* ['schlutah]
Geld peníze ['pänjihsä] ➢ 98 , 101
Geldbörse peněženka ['pänjäschänka] ➢ 101
Geldstück mince *f* ['minzä]
Geldwechsel výměna peněz [wimnjäna pänjäs] ➢ 97f.
Gelegenheit příležitost ['prschihläschitosst]
gemeinsam spolu ['sspolu], společně ['sspolätschnjä]
gemischt míchaný ['mihchanih]
genau přesný ['prschässnih]
genießen užít ['uschiht]
genug dost [dosst]
geöffnet otevřeno ['otäwrschäno]
Gepäck zavazadlo ['sawasadlo] ➢ 31, 33
geradeaus rovně ['rownjä]
Gericht *(Justiz)* soud [ssout] ➢ 101; *(Essen)* jídlo ['jihdlo] ➢ 35ff.
gern rád/-a *f*/-i *pl* ['raht/'rahda/'rahdji]
Geruch *(Gestank)* zápach ['sahpach]; *(angenehmer ~)* vůně *f* ['wuhnjä]
Geschäft obchod ['opchot] ➢ 50ff.
geschehen stát se (*3. sing* stane se) ['sstahtssä]
Geschenk dar [dar], dárek ['dahräk]
Geschichte *(Vergangenheit)* minulost ['minulosst]; *(Erzählung)* příběh ['prschihbjäch]
geschlossen zavřeno ['sawrschäno]
Geschmack chuť *f* [chutj]
Geschwindigkeit rychlost ['richlosst]
Gesellschaft společnost ['sspolätschnosst]
Gespräch rozhovor ['roshowor]
gesund zdravý ['sdrawih]
Gesundheit zdraví ['sdrawih]
Getränk nápoj ['nahpoj] ➢ 37f., 42, 47f.
getrennt *adv* odděleně ['odjälänjä]
Gewicht váha ['wahha]
gewinnen vyhrát ['wihraht]
gewiss určitý, -tě ['urtschitih -tjä]
Gewitter bouřka ['bourschka] ➢ 20
gibt, es ~ je [jä], existuje ['ägsisstujä]
Gift jed [jät]
Gipfel vrchol ['wrchol]
Gitarre kytara ['kitara]
Glas sklo [ssklo]
Glaube víra ['wihra]
glauben věřit *ipf* ['wjärschit]
gleich stejný ['sstäjnih]; *(sofort)* hned [hnät]
Glück štěstí ['schtjässtjih]
glücklich šťastný ['schtjasstjnih]

Glückwunsch blahopřání ['blahoprschahnjih], gratulace ['gratulazä] ➢ 13
Gott Bůh [buhch]
Gottesdienst bohoslužba ['boho,ssluschba] ➢ 76
Grab hrob [hrop]
Grad stupeň *m* ['sstupänj]
gratulieren gratulovat ['gratulowat]
grau šedivá *f* ['schädjiwah]
Grenze hranice *f* ['hranjizä] ➢ 104f.
groß velký ['wälkih]
Größe velikost ['wälikosst]
Großmutter babička ['babitschka]
Großvater dědeček ['djädätschäk]
grün zelená *f* ['sälänah]
Grund *(Begründung)* důvod ['duhwot]
Gruppe skupina ['sskupina]
grüßen *(Gruß ausrichten)* pozdravovat *ipf* ['posdrawowat]
gültig platný ['platnih] ➢ 105
gut *adj* dobrý ['dobrih]; *adv* dobře ['dobrschä]

H

Haare vlas(y) *pl* ['wlass(i)] ➢ 54f.
haben mít *ipf* (*1. sing* mám) [miht]
Hafen přístav ['prschihsstaf] ➢ 34
halb půl [puhl]
Halle hala ['hala]
hallo *(Telefon, Ruf)* haló ['haloh]; *(Gruß)* ahoj! [a'hoj ('ahoj)]
halt! stop! [sstop]
halten zastavit ['sasstawit]
Haltestelle zastávka ['sasstahfka] ➢ 98f.
hart tvrdý ['twrdih]
hässlich ošklivý ['oschkliwih]
häufig *adj* častý ['tschasstih]; *adv* často ['tschassto]
Haus dům [duhm]
Hausbesitzer majitel domu ['majitäl 'domu], domácí ['domahzih] ➢ 70
hausgemacht domácí ['domahzih] ➢ 38
Haushaltswaren domácí potřeby [domazi potrschäbi] ➢ 55f.
heilig svatý ['sswatih]
Heimat vlast [wlasst]
heimlich tajný ['tajnih]
Heimreise cesta domů ['zässta 'domuh]
heiraten *(Mann)* oženit se ['oschänjit ssä], *(Frau)* vdát se [wdaht ssä]
heiß horko [horko] ➢ 20
heißen jmenovat se *ipf* ['mänowat ssä]
heiter jasno ['jassno]
Heizung topení ['topänjih] ➢ 67f.
helfen, jdm ~ pomoct (*1. sing* pomůžu; *hs* pomohu) ['pomozt]
hell *adj* světlý ['sswjätlih]; *adv* světlo ['sswjätlo]
herein! dál(e)! [dahl(ä)]
hereinkommen jít dál(e) ['jih'dahl(ä)]
Herr pán [pahn]; *(Anrede)* pan [pan]
heute dnes(ka) ['dnäss(ka)] ➢ 18
hier tady (*hs* zde) ['tadi (sdä)]
Hilfe pomoc ['pomoz]
Himmel nebe *n* ['näbä], obloha ['obloha]
hinlegen položit ['poloschit]
hinsetzen, s. ~ posadit se ['possadjit ssä], sednout si ['ssädnout ssi]
hinter za [sa]
Hobby hobby *n* ['hobi], koníček *m* ['konjihtschäk]
hoch *adj* vysoký ['wissokih]; *adv* vysoko ['wissoko], vysoce ['wissozä]
Hochzeit svatba ['sswadba]
hoffen doufat *ipf* ['doufat]
höflich zdvořilý ['sdworschilih]
Höhe výška ['wihschka]
Holz dřevo ['drschäwo]
Honorar honorář *m* ['honorahrsch]
hören slyšet *ipf* ['sslischät]
Hotel hotel ['hotäl] ➢ 65ff.
hübsch hezký ['hässkih], pěkný ['pjäknih]
Hügel kopec ['kopäz]
Hund pes [päss]
Hunger hlad [hlat]
hungrig hladový ['hladowih]
Hütte chata ['chata], bouda ['bouda]

I

ich já [jah]
Idee nápad ['nahpat]
ihr(e) *Personalpronomen* vy [wi]; *Possessivpronomen f sing* její *f* ['jäjih]; *pl* jejich ['jäjich]
Ihr(e) *Possessivpronomen* váš [wahsch], vaše ['waschä]
Imbiss občerstvení ['optschärsstwänjih]
immer vždy(cky) [wschdi ('(wsch)dizki)]
im Stande sein být schopný ['biht 'ss chopnih]
in v, ve + *präp* [f/w/'wä]; *(Richtung)* do + *gen* ['do]
inbegriffen včetně + *gen* ['ftschätjnjä]
informieren informovat o + *präp* ['informowat]
Inhalt obsah ['opsach]
innen uvnitř ['uwnjitrsch], vevnitř ['wäwnjitrsch]
Innenstadt centrum (města) ['zäntrum ('mnjässta)] ➢ 77
innerhalb vevnitř ['wäwnjitrsch]
innerhalb *(zeitlich)* v době [f dobjä] ➢ 18
Insekt hmyz [hmiss]
Insel ostrov ['osstrof]
interessieren, s. ~ (für) zajímat se *ipf* (o něco) ['sajihmat ssä]
international mezinárodní ['mäsi,nahrodjnjih]
irren, s. ~ plést se (*1. sing* pletu) ['plähsstssä], zmýlit se ['smihlit ssä]
Irrtum omyl ['omil]

J

Jahr rok ['rok], 2, 3, 4 roky ['roki]; 5, 6, 7 … let ['lät]
Jahreszeit roční doba ['rotschnjih 'doba] ➢ 19
jede(r, -s) každý ['kaschdih], každá ['kaschdah], každé ['kaschdäh]
keine(r, -s) žádný ['schahdnih], žádná ['schahdnah], žádné ['schahdnäh], žádní ['schahdjnjih], žádné ['schahdnäh], žádná ['schahdnah]
jedes Mal pokaždé ['pokaschdäh]
jemand někdo ['njägdo]

jetzt teď [tätj], *hs* nyní ['ninjih] ➢ 18
Jugendherberge ubytovna/noclehárna pro mládež ['ubitowna/'nozlähahrna 'promlahdäsch] ➢ 71
jung mladý ['mladih]
Junge kluk [kluk], chlapec ['chlapäz]
Junggeselle starý mládenec ['sstarih'mlahdänäz]

K

Kabine kabina ['kabina]
Kaffee káva ['kahwa], *ugs* kafe *n* ['kafä] ➢ 43, 48
kalt zima ['sima] ➢ 20
Kanal kanál ['kanahl]
Kapelle *(Gebäude)* kaple ['kaplä]; *(Musik~)* kapela ['kapäla]
kaputt rozbitý ['rosbitih]
Kasse pokladna ['pokladna], kasa ['kassa]
Katze kočka ['kotschka]
Kauf koupě *f* ['koupjä]
kaufen koupit ['koupit]
kaum sotva ['ssotwa], stěží ['sstjäschih]
Kaution kauce ['kauzä]
keine(r, -s) žádný ['schahdnih], žádná ['schahdnah], žádné ['schahdnäh], žádní ['schahdjnjih], žádné ['schahdnäh], žádná ['schahdnah]
Kellner/in číšník/číšnice ['tschihschnjihk /'tschihschnjizä]
kennen znát *ipf* (*1. sing* znám) [snaht]
kennen lernen poznat ['posnat]; seznámit se(s) ['ssäsnahmit ssä] ➢ 8ff.
Kind dítě *sing* = *n* ['djihtjä], děti *pl* = *f* ['djätji] ➢ 85ff.
Kino kino ['kino], biograf ['bijograf]
Kirche kostel ['kosstäl] ➢ 77
Kissen polštář *m* ['polschtahrsch]
Kleidung oblečení ['oblätschänjih] ➢ 58f.
klein malý ['malih]
Kleingeld drobné ['drobnäh] ➢ 98
Klima klima *n* ['klima] ➢ 20
Klingel zvonek ['swonäk]
klingeln zazvonit ['saswonjit]
klug chytrý ['chitrih], moudrý ['moudrih]
Kneipe hospoda ['hosspoda] hospůdka ['hosspuhtka] ➢ 78
knipsen vyfotit/fotit ['wifotjit/'fotjit]
kochen vařit ['warschit]
Koffer kufr ['kufr]
Kohle uhlí ['uhlih]
kommen přijít [prschiht]; *(einmal)* jít [jiht], *(mehrmals)* chodit ['chodjit]
Kompass kompas ['kompass]
Kondom prezervativ ['präsärwatihf]
Konfession vyznání ['wisnahnjih]
können *(Fähigkeit)* umět (*1. sing* umím) ['umnjät]; *(Möglichkeit)* moci (*1. sing* můžu, *hs* mohu) [mozi]
Konsulat konzulát ['konsulaht]
Kontakt kontakt ['kontakt]
kontrollieren kontrolovat ['kontrolowat]
Konzert koncert ['konsärt] ➢ 79f.
Körper tělo ['tjälo] ➢ 92ff.
Kosten výdaje *pl* ['wihdajä]
krank nemocný ['nämoznih] ➢ 92ff.
Krankenhaus nemocnice ['nämoznjizä] ➢ 93ff.
Krankenwagen sanitka ['ssanitka]
Krankheit nemoc ['nämoz] ➢ 92ff.
Kreditkarte kreditní karta ['kräditjnjih 'karta] ➢ 50, 68, 98
Krieg válka ['wahlka]
kritisieren kritizovat *ipf* ['kritisowat]
Küche kuchyň *f*, kuchyně *f* ['kuchinj(ä)]
kühl *adj* chladný ['chladnih]; *adv* chladno ['chladno]; *(nicht warmherzig)* *adv* chladně ['chladjnjä]
Kultur kultura ['kultura] ➢ 75ff.
Kummer starost ['sstarosst]
kümmern, s. ~ (um) starat se (o) ['sstarat ssä]
Kurs kurs [kurss]
Kurve zatáčka ['satahtschka]
kurz *adj* krátký ['krahtkih], *adv* krátce ['krahtssä], krátko ['krahtko]
kürzlich nedávno ['nädahwno] ➢ 18
Kuss polibek ['polibäk], pusa ['pussa], pusinka ['pussinka]
küssen políbit/líbat ['polihbit/'lihbat], dát/dávat pusu ['daht/'dahwat 'pussu]
Küste pobřeží ['pobrschäschih]

L

lachen smát se *ipf* ['ssmaht ssä]
Laden obchod ['opchot]
Lage poloha ['poloha]
Land zem(ě) *f* ['säm(njä)]
Landkarte mapa ['mapa] ➢ 61
Landschaft krajina ['krajina] ➢ 77
lang *adj* dlouhý ['dlouhih]; *adv* dlouho ['dlouho], dlouze ['dlousä]
Länge délka ['dählka]
langsam *adj* pomalý ['pomalih]; *adv* pomalu ['pomalu]
langweilig nudný ['nudnih]; **das ist ~!** to je nuda! ['to jä 'nuda]
Lärm hluk [hluk]
lassen nechat ['nächat]
lästig *(Arbeit)* obtížný ['optjihschni]; *(Mensch)* dotěrný ['dotjärnih]
Lastwagen nákladní automobil ['nahkladjnjih 'automobil], náklaďák ['nahkladjahk]
laufen *(einmal)* běžet *ipf* ['bjäschät], *(mehrmals)* běhat *ipf* ['bjähat]
laut(stark) nahlas ['nahlass]
Lautsprecher reproduktor ['räproduktor]
Leben život ['schiwot]
leben žít *ipf* [schiht]
Lebensmittel potraviny *f pl* ['potrawini] ➢ 35ff., 56ff.
ledig svobodný ['sswobodnih], svobodná ['sswobodnah] ➢ 105
leer prázdný ['prahsdnih]
legen položit ['poloschit]
leicht *adj* lehký ['lächkih]; *adv* lehce ['lächzä], lehko ['lächko]
leider bohužel ['bohuschäl]
leihen půjčit ['putschit]
leise *adj* tichý [tjichih]; *adv* potichu ['potjichu], tiše ['tjischä]
Leiter/in vedoucí ['wädouzih]
lesen číst (*1. sing* (pře)čtu) [tschihsst]
letzte(r, -s) poslední ['posslädjnjih]
Leute lidi *f* ['lidji], *hs* lidé *f* ['lidäh]
Licht světlo ['sswjätlo]
lieb milý ['milih]

lieben milovat *ipf* ['milowat]
liebenswürdig laskavý ['lasskawih]
lieber radši ['ratschi], *hs* raději ['radjäji]
Lied píseň *f* ['pihssänj], písnička ['pihssnjitschka]
liegen ležet *ipf* ['läschät]
links vlevo ['wläwo], nalevo ['naläwo], doleva ['doläwa]
Loch díra ['djihra]
Löffel lžíce ['lschihzä]
Lohn plat [plat]
Lokal lokál ['lokahl]
löschen hasit ['hassit]
Luft vzduch [wsduch] ➢ 20
Lüge lež *f* [läsch]
lustig *adj* veselý ['wässälih]; *adv* veselo ['wässälo], vesele ['wässälä]

M

machen dělat ['djälat]
Mädchen holka ['holka], dívka *f* ['djihfka]
Mahlzeit jídlo ['jihdlo]
Mal, das erste/zweite ~ poprvé/podruhé ['poprwäh/'podruhäh]
manchmal někdy ['njägdi] ➢ 18
Mangel, der nedostatek *m* ['nädosstatäk]
Mann muž *m* [musch]
männlich mužný ['muschnih]
Markt trh [trch] ➢ 51, 77
Maschine stroj *m* [sstroj]
Medikament lék ['lähk] ➢ 51f.
Meer moře *n* ['morschä]
mehr víc(e) ['wihz(ä)]
mein(e) můj (moje) [muhj ('mojä)]
meinen myslet *ipf* ['misslät], mínit *ipf* ['mihnjit]
Meinung názor *m* ['nahsor]
Mensch člověk *m* ['tschlowjäk]; **Menschen** lidi *f pl* ['lidji], *hs* lidé ['lidäh]
Messe *(Kirche)* mše [mschä]; *(Ausstellung)* veletrh ['wälätrch]
Messer nůž [nuhsch]
mich mě [mnjä], *hs* mne [mnjä]
Miete nájem(né) ['nahjäm(näh)]; *(Wohnung)* činže *f* ['tschinschä] ➢ 70
mieten najmout si ['najmout ssi]
mindestens *hs* nejméně ['näjmähnjä], *ugs* nejmíň ['näjmihnj]
minus minus ['mihnuss], bez + *gen* [bäss]
Minute minuta ['minuta]
mir mně [mnjä], *(unbetont)* mi [mi]
misstrauen nedůvěřovat *ipf* ['näduhwjär-schowat]
missverstehen, jdn. ~ (někomu *dat*) špatně rozumět ['schpatnjä 'rosumnjät]
mit s/se + *instr* [ss/'ssä]
mitbringen přinést ['prschinähsst], nosit ['nossit]
mitnehmen vzít/brát (si) s sebou ['wsiht 'ssäbou/'braht 'ssäbou]
Mittag poledne *n* ['polädnä]
Mittagessen oběd ['objät] ➢ 35ff.
Mitte střed [sstrschät]
mitteilen sdělit ['sdjälit]
Mittel prostředek ['prosstrschädäk]
Möbel nábytek *m sing* ['nahbitäk]
Mode móda ['mohda] ➢ 58f.
modern moderní ['modärnjih]
mögen mít rád/-a [miht raht/'rahda]
möglich *adj* možný ['moschnih]; *adv* možná ['moschnah]
Moldau Vltava ['wltawa]
Moment moment ['momänt]
Monat měsíc *m* ['mnjässihz] ➢ 19
Mond měsíc *m* ['mnjässihz]
morgen zítra ['sihtra] ➢ 18
morgens ráno ['rahno] ➢ 18
Motor motor ['motor] ➢ 23, 27
Motorrad motocykl ['motozikl] ➢ 22ff.
Mücke *(Stech~)* komár ['komahr]
müde unavený ['unawänih]
Mühe snaha ['ssnaha], snažení ['ssnaschänjih]
Müll odpad *m* ['otpat], odpadky *pl* ['otpatki] ➢ 70
Münze mince *f* ['minzä] ➢ 98
Museum muzeum ['musäum] ➢ 76f.
Musik lidová hudba ['lidowah 'hudba]
müssen muset *ipf* ['mussät]
Mutter *hs* matka ['matka]; máma ['mahma], maminka ['maminka]

N

nach (Richtung) do + *gen* ['do]; *(zeitlich)* po + *präp* ['po]; (gemäß) podle + *gen* ['podlä]
Nachbar/in soused/sousedka ['ssoussät/'ssoussätka]
nachher potom ['potom]
nachmittags odpoledne ['otpolädnä]
Nachricht zpráva ['ssprahwa]
nachsehen podívat se ['podjihwat ssä]
nächste(r, -s) další ['dalschih]
Nacht noc *f* [noz]
Nachtclub noční klub/bar ['notschnjih 'klup/'bar] ➢ 78
nackt nahý ['nahih], nahatý ['nahatih]
nahe blízko ['blihssko]
Nahverkehr místní doprava ['mistnji 'doprawa] ➢ 98f.
Name *(Vor~)* (křestní) jméno [('krschässtjnjih) '(j)mähno] ➢ 105
nass vlhko ['wlchko] ➢ 20
Nation národ ['nahrot]
Natur příroda ['prschihroda]
natürlich *adv* přirozeně ['prschirosänjä], samozřejmě ['ssamo͵srschäjmnjä]; *adj* přirozený ['prschirosänih]
neben vedle ['wädlä]; *(zusätzlich, außer)* mimo ['mimo], kromě + *gen* ['kromnjä]
Neffe synovec *m* ['ssinowäz]
nehmen vzít *pf* (*1. sing* vezmu) [wsiht] /brát *ipf* (*1. sing* beru) [braht]
nennen jmenovat *ipf* ['(j)mänowat]
nervös nervózní ['närwohsnjih] ➢ 95
nett milý ['milih], příjemný ['prschihjämnih]
neu nový ['nowih]
neugierig zvědavý ['swjädawih]
Neuigkeit novina ['nowina], novinka ['nowinka]
nicht ne [nä]
Nichte neteř *f* ['nätärsch]
nichts nic [njiz]
nie, niemals nikdy ['njigdi]
niedrig *adj* nízký ['njihsskih]; *adv* nízko ['njihssko], nízce ['njihsszä]
niemand nikdo ['njigdo]
nirgends nikde ['njigdä]

noch ještě ['jäschtjä (ugs 'äschtjä)]
Norden sever ['ssäwär]
normal normální ['normahlnjih]
Notausgang nouzový východ/výstup ['nousowi 'wihchot/'wihsstup] ➢ 30
Notbremse záchranná brzda ['sahchranah 'brsda] ➢ 33
nötig, notwendig nutný ['nutnih]
Notrufsäule telefon pro tísňové volání ['täfäfon 'protjihssnjowäh 'wolahnjih] ➢ 27
Nummer číslo ['tschihsslo]
nun teď [tätj], *hs* nyní ['ninjih]
nur jen(om) ['jän(om)]

O

ob jestli ['jäss(t)li], *hs* zda [sda]
oben nahoře ['nahorschä]
Ober *(Anrede)* pane vrchní ['panä 'wrchnjih] ➢ 36f.
Obst ovoce ['owozä] ➢ 40, 46f.
oder nebo ['näbo]; **~?** že jo? ['schäjo]
Ofen pec *f* [päz]
offen otevřený ['otäwrschänih]
öffentlich veřejný ['wärschäjnih]
öffnen otevřít (*1. sing* otevřu)/otvírat ['otäwrschiht/'otwihrat]
Öffnungszeiten otvírací doba ['otwihrazih'doba]
oft často ['tschassto]
ohne bez + *gen* ['bäss/bäs/bäsä]
ohnmächtig v bezvědomí ['wbäswjädomih]
Öl olej *m* ['oläj]
Onkel strýc *m* ['sstrihz], strýček ['sstrihtschäk]
Organe, innere vnitřní orgány [wnjitrschnih orgahnih] ➢ 93ff.
Ort místo ['mihssto]
Osten východ ['wihchot]
Österreich Rakousko ['rakoussko]
Österreicher/in Rakušan/ka ['rakuschan/nka]

P

Paar, ein paar pár [pahr]
Päckchen balíček ['balihtschäk]
packen balit ['balit]
Paket balík ['balihk] ➢ 102
Panne defekt ['däfäkt], porucha ['porucha] ➢ 23
Papiere doklady ['dokladi], papíry ['papihri] ➢ 27
Park park [park]
parken zaparkovat/parkovat ['saparkowat/'parkowat] ➢ 23
Pass průsmyk ['pruhssmik]
Passagier pasažér ['passaschähr] cestující ['zässtujihzih] ➢ 30
passieren stát se (*3. sing* stane se) ['sstaht 'ssä]
Passkontrolle pasová kontrola [pasowa 'kontrola] ➢ 104f.
Pension penzión ['pänsijohn] ➢ 65ff.
Person osoba ['ossoba]
Personal personál ['pärssonahl]
Personalausweis občanka ['optschanka]
Personalien osobní údaje *pl* ['ossobnjih 'uhdajä]
Pfand záloha ['sahloha]
Pflanze rostlina ['rosstlina]
Pflicht povinnost ['powinosst]
Platz místo ['mihssto]
plötzlich najednou ['najädnou]
plus plus [pluss], a [a]
Pole/Polin Polák/Polka ['polahk/'polka]
Polen Polsko ['polssko]
Politik politika ['politika]
Polizei policie ['polizijä] ➢ 100f.
Portier vrátný ['wrahtnih] ➢ 68
Postamt pošta ['poschta] ➢ 100f.
Preis cena ['zäna]
Priester kněz [knjäss]
pro za + *akk* ['sa], na ['na]
Programm program ['program] ➢ 80
Promille promile ['promilä] ➢ 28
Prozent procento ['prozänto]
prüfen zkoušet ['sskouschät], kontrolovat ['kontrolowat]
pünktlich přesný ['prschässnih]
putzen čistit ['tschisstjit], *(mit Wasser)* umýt/mýt ['umiht/miht]

Q

Qualität kvalita ['kwalita]
Quelle zdroj *m* [sdroj], pramen *m* ['pramän]
quittieren potvrdit ['potwrdjit]

R

Rabatt rabat ['rabat], sleva ['ssläwa]
Rad fahren jezdit na kole ['jäsdjit 'nakolä] ➢ 22ff.
Radio rádio ['rahdijo]
Rand okraj *m* ['okraj], kraj *m* [kraj]
rasch rychlý ['richlih]
Rasen trávník ['trahwnjihk]
Rastplatz odpočívadlo ['otpotschihwadlo] ➢ 28
raten radit ['radjit]
Rathaus radnice ['radjnjizä] ➢ 77
rauchen kouřit ['kourschit]
Raucher kuřák *sing* /kuřáci *pl* ['kurschahk/'kurschahzi]
Raum místnost ['mihsstnosst]
rechnen počítat ['potschihtat]
Rechnung účet ['uhtschät] ➢ 37, 68
Recht *(juristisch)* právo ['prahwo]
recht haben mít pravdu ['miht 'prawdu]
rechts napravo ['naprawo], vpravo ['fprawo]
rechtzeitig včas [ftschass]
reden mluvit ['mluwit]
regeln zařídit ['sarschihdjit]
Regierung vláda ['wlahda]
regnen pršet *ipf* ['prschät] ➢ 20
reich bohatý ['bohatih]
Reihe řada ['rschada]
reinigen vyčistit ['witschisstjit] ➢ 67f.
Reise cesta ['zässta]
Reisebüro cestovní kancelář ['zässtownjih 'kanzälahrsch], *ugs* cestovka ['zässtofka]
Reiseführer průvodce *m* ['pruhwozä] ➢ 76
reisen (nach) cestovat (do) *ipf* ['zässtowat], *(einmal)* jet [jät], *(mehrmals)* jezdit (do) ['jäsdjit]
Reisepass (cestovní) pas [('zässtownjih) 'pass] ➢ 101, 105

Reiseroute trasa ['trassa]
Reisescheck cestovní šek ['zässtownjih schäk] ➢ 98
reklamieren reklamovat *ipf* ['räklamowat] ➢ 37, 67f.
Reparatur oprava ['oprawa] ➢ 23f.
Reservierung rezervování ['räsärwowahnjih] rezervace ['räsärwazä]
Rest zbytek ['sbitäk]
Restaurant restaurant ['rässtaurant], restaurace ['rässtaurazä] ➢ 35ff.
retten zachránit ['sachrahnjit]
Rettungsboot záchranný člun ['sahchranih 'tschlun] ➢ 34
Rezeption recepce ['räzäpzä] ➢ 66f.
richtig správný ['ssprahwnih]
Richtung směr [ssmnjär]
riechen *(duften)* vonět *ipf* ['wonjät]; *(stinken)* smrdět *ipf* ['ssmrdjät]
Riesengebirge Krkonoše *f pl* ['krkonoschä]
Risiko riziko ['risiko]
rot červená *f* ['tschärwänah]
Route trasa ['trassa]
Rückkehr návrat ['nahwrat]
rufen zavolat/volat ['sawolat/'wolat]
Ruhe klid [klit]
ruhig klidný ['klidnih]
rund *(Form)* kulatý ['kulatih]

S

Saal sál *m* [ssahl]
Sache věc *f* [wjäz]
sagen říci (*1. sing* řeknu)/říkat [rschihzi/'rschihkat]
Saison sezóna ['ssäsohna]
sammeln sebrat ['ssäbrat]
satt sytý ['ssitih]
Satz věta ['wjäta]
sauber čistý ['tschisstih]
schade, es ist ~ to je škoda ['to jä 'schkoda]
schaden škodit ['schkodjit]
Schadenersatz náhrada škod ['nahhrada 'schkot]
schädlich škodlivý ['schkodliwih]
Schalter *(Bank~)* přepážka ['prschäpahschka], okénko ['okähnko]
schauen dívat se na ['djihwat ssä na]
Scheck šek [schäk] ➢ 97f.
schenken dát [daht], darovat ['darowat]
Scherz vtip [ftjip]
schicken poslat ['posslat]
Schiff chrámová loď ['chrahmowah 'lotj] ➢ 34
Schild nápis *m* ['nahpiss], cedule *f* ['zädulä]
schimpfen vynadat/nadávat ['winadat/ 'nadahwat]
Schirm deštník ['däschtjnjihk]
schlafen spát [sspaht]
schlank štíhlý ['schtjihhlih]
schlecht špatný ['schpatnih]
schließen zavřít ['sawrschiht]
Schloss zámek ['sahmäk] ➢ 75, 77
Schlüssel klíč *m* [klihtsch] ➢ 67, 69
schmerzen bolet *ipf + akk* ['bolät]
Schmuck šperk [schpärk] ➢ 61
schmuggeln pašovat ['paschowat]
Schmutz špína ['schpihna]
schmutzig špinavý ['schpinawih]
schneien sněžit *ipf* ['ssnjäschit]
schnell rychlý ['richlih]
Schnellimbiss rychlé občerstvení ['richläh 'optschärsstwänjih], bufet ['bufät]
schon už [usch]
schön hezký ['hässkih], pěkný ['pjäknih]
schrecklich strašný ['sstraschnih]
schreiben psát [psaht]
Schreibwaren papírnictví ['papirnjiztwi] ➢ 61
schreien křičet ['krschitschät]
Schrift písmo ['pihssmo]
schriftlich písemný ['pihssämnih]
schüchtern nesmělý ['nässmnjälih]
Schuh bota ['bota] ➢ 59f.
Schuld vina ['wina]; *(Geld~)* dluh [dluch]
schulden dlužit *ipf* ['dluschit]
Schuss střela ['sstrschäla]
Schutz ochrana ['ochrana]
schwach slabý ['sslabih]
Schwager švagr ['schwagr]
Schwägerin švagrová ['schwagrowah]
schwanger těhotná ['tjähotnah]
schwarz černá *f* ['tschärnah]
Schweigen mlčení ['mltschänjih]
Schweiz Švýcarsko ['schwihzarssko]
Schweizer/in Švýcar/ka ['schwihzar/ka]
schwer *adj* těžký ['tjäschkih]; *adv* těžko ['tjäschko], těžce ['tjäschzä]
Schwester sestra ['ssässtra]
schwierig těžký ['tjäschkih], obtížný ['optjihschnih]
Schwimmbad koupaliště ['koupalischtjä], plovárna ['plowahrna] ➢ 82, 84
schwimmen plavat ['plawat] ➢ 84
schwindlig, mir ist ~ motá se mi hlava ['motah ssä mi 'hlawa]
schwitzen potit se ['potjit ssä]
See, der ~ jezero ['jäsäro], rybník ['ribnjihk]; **die ~** moře *n* ['morschä]
sehen vidět ['widjät]
Sehenswürdigkeiten pamětihodnosti ['pamnjätji,hodnosstji] ➢ 75ff.
sehr moc [moz], hodně ['hodjnjä], *hs* velmi ['wälmi]
sein být *ipf* (*1. sing* jsem) [biht]
sein(e) jeho ['jäho]
seit od [ot]
Seite strana ['sstrana]
Sekunde vteřina ['ftärschina], sekunda ['ssäkunda]
selten málokdy ['mahlo,gdi], zřídka ['srschihtka]
senden *(Post)* poslat/posílat ['posslat/ 'possihlat]; *(Radio, Fernsehen)* vysílat *ipf* ['wissihlat]
Sendung *(Post~)* zásilka ['sahssilka]; *(Fernseh~)* vysílání ['wissihlahnjih]
servieren servírovat *ipf* ['ssärwihrowat]
setzen, s. ~ posadit se ['possadjit ssä], sednout si/sedat si ['ssädnout ssi/'ssädat ssi]
Sex pohlaví ['pohlawih], sex [ssäks]
sicher *adj* jistý ['jisstih]; *adv* jistě ['jisstjä]
Sicherheit jistota ['jisstota], bezpečnost ['bässpätschnosst], bezpečí ['bässpätschih]
Sicherung zajištění ['sajischtjänjih]; *(elektrisch)* pojistka ['poj(i)sstka]
Sicht pohled ['pohlät], náhled ['nahhlät]
sichtbar viditelný ['widjitälnih]
sie ona *f* ['ona], oni *pl* ['onji]

Sie vy [wi]
singen zpívat (si) ['sspihwat (ssi)]
sitzen sedět *ipf* ['ssädjät]
Slowake/Slowakin Slovák/Slovenka ['sslowahk/'sslowänka]
Slowakei Slovensko ['sslowänssko]
slowakisch slovenský ['sslowänsskih]
so tak [tak]
sofort hned [hnät], ihned ['ihnät]
sogar dokonce ['dokonzä]
Sohn syn [ssin]
sollen mít [miht] (*1. sing* mám)
Sonne slunce *n* ['sslunzä], sluníčko ['sslunjihtschko] ➢ 20
Sonnenbrille sluneční brýle *f pl* ['sslunätschnjih 'brihlä]
sonnig slunečný ['sslunätschnih] ➢ 20
sorgen, ~ für starat se (o + *akk*) ['sstarat ssä]; **s. ~ um** dělat si starosti *ipf* (o + *akk*) ['djälat ssi 'sstarosstji]
Sorte druh [druch]
Spaß legrace *f* ['lägrazä]
spät *adv* pozdě ['posdjä]
später později ['posdjäji]
Spaziergang procházka ['prochahsska]
Speisekarte jídlelní lístek ['jihdälnjih 'lihsstäk] ➢ 43ff.
spielen hrát (si) [hraht (ssi)]
Spielzeug hračka ['hratschka]
Sport sport [ssport] ➢ 81ff.
Sprache řeč *f* [rschätsch], jazyk ['jasik]
sprechen mluvit *ipf* ['mluwit]
Staat stát [sstaht]
Staatsangehörigkeit státní příslušnost ['sstahtjnjih 'prschihssluschnosst]
Stadt město ['mnjässto]
Stadtplan plán/mapa města ['plahn/'mapa 'mnjässta] ➢ 61, 76
Stadtrundfahrt okružní jízda městem ['okruschnjih 'jihsda 'mnjässtäm] ➢ 76f.
stammen pocházet *ipf* ['pochahsät]
statt místo + *gen* ['mihssto]
stattfinden konat se *ipf* ['konat ssä]
stechen píchnout ['pihchnout]
stehen stát *ipf* (*1. sing* stojím) [sstaht]
stehen bleiben zastavit se ['sasstawit ssä], zůstat stát ['suhsstat sstaht]
stehlen ukrást (*1. sing* ukradnu) ['ukrahsst]
steigen stoupnout ['sstoupnout]
steil příkrý ['prschihkrih], strmý ['sstrmih]
Stein kámen ['kahmän]
Stelle místo ['mihssto]
stellen postavit/stavět ['posstawit/'sstawjät]
Stellung pozice ['posizä]
sterben zemřít ['sämrschiht], umřít ['umrschiht] (*1. sing* zemřu, umřu)/umírat ['umihrat]
Stern hvězda ['hwjäsda]
Stil sloh [ssloch]
still *adj* tichý ['tjichih]; *adv* tiše ['tjischä], ticho ['tjicho]
Stimme hlas [hlass]
Stockwerk poschodí ['poss chodjih], patro ['patro]
Stoff látka ['lahtka]
stören vyrušit ['wiruschit], vyrušovat ['wiruschowat]
stornieren stornovat ['sstornowat], zrušit ['sruschit] ➢ 29, 31
Störung porucha ['porucha]
stoßen narazit ['naras t]
Strafe trest *m* [trässt]
Strand pláž *f* [plahsch] ➢ 81ff.
Straße ulice ['ulizä] ➢ 22, 28
Straßenkarte (silniční) mapa [('ssilnjitschnjih)'mapa] ➢ 28
Strauß kytice *f* ['kitjizä]
Strecke trasa ['trassa]
Strom proud [prout]
Stück kus *m* [kuss], kousek ['koussäk]
studieren studovat *ipf* ['sstudowat]
Stuhl židle *f* ['schidlä]
Stunde hodina ['hodjina]
suchen hledat *ipf* ['hlädat]
Süden jih [jich]
Summe částka ['tschahsstka], suma ['ssuma]
Supermarkt supermarket ['ssupär,markät] ➢ 51

T

Tabak tabák ['tabahk] ➢ 62, 64
Tag den [dän]
Tankstelle benzínová pumpa ['bänsihnowah 'pumpa] ➢ 22f., 28
Tante teta ['täta]
tanzen tancovat ['tanzowat] ➢ 78
Tätigkeit činnost ['tschinosst]
Tatra Tatry *pl* [tatri]; **Hohe ~** Vysoké Tatry ['wissokäh 'tatri]; **Niedere ~** Nízké Tatry [,njihsskäh 'tatri]
tauschen vyměnit/měnit ['wimnjänjit/'mnjänjit]
täuschen, s. ~ mýlit se ['mihlit ssä]
Taxi taxi ['taksi], *ugs* taxik ['taksik] ➢ 102f.
Teil část *f* [tschahsst]
teilnehmen (an) zúčastnit se + *gen* ['suhtschasstjnjit ssä]
Telefon telefon ['täläfohn] ➢ 103f.
telefonieren telefonovat ['täläfonowat] ➢ 103f.
Temperatur teplota ['täplota] ➢ 20
Termin termín ['tärmihn]
teuer *adj* drahý ['drahih]; *adv* draho ['draho], draze ['drasä]
Theater divadlo ['djiwadlo] ➢ 79f.
tief *adj* hluboký ['hlubokih]; *adv* hluboko ['hluboko], hluboce ['hlubozä]
Tier zvíře *n* ['swihrschä]
Tisch stůl *m* [sstuhl]
Tochter dcera ['zära]
Tod smrt *f* [ssmrt]
Toilette toaleta ['toaläta]
Ton tón [tohn]
Topf hrnec *m* [hrnäz]
Töpferei hrnčířství ['hrntschihrschsstwih], keramika ['käramika]
tot mrtvý ['mrtwih]
tragen *(einmal)* nést [nähsst], *(mehrmals)* nosit ['nossit]
träumen snít *ipf* [ssnjiht]
traurig smutný ['ssmutnih]
treffen *(begegnen)* potkat (někoho) ['potkat], setkat se (s někým) ['ssätkat ssä]
Treppe schody *m pl* ['ss chodi]
treu věrný ['wjärnih]
trinken pít (*1. sing* piju) [piht]
Trinkgeld spropitné ['sspropitnäh] ➢ 37f.
Trinkwasser pitná voda ['pitnah 'woda]

trotzdem přesto ['prschässto]
Tscheche Čech (*pl* Češi) [tschäch ('tschäschi)]
Tschechin Češka ['tschäschka]
tschechisch český ['tschässkih]
tschüs ahoj [a'hoj]
tun dělat ['djälat], činit ['tschinjit]
Tunnel tunel *m* ['tunäl]
Tür dveře *f pl* ['dwärschä]
typisch typický ['tipizkih]

U

Übelkeit nevolnost ['näwolnosst] ➢ 96
über *(oberhalb)* nad + *instr (wo)* + *akk (wohin)* ['nat]; *(von)* o + *präp* ['o]
überfallen přepadnout ['prschäpadnout]
überholen *(auf der Straße)* předjíždět [prschädjihschdjät]
übernachten přespat (*1. sing* přespím) ['prschässpat], přenocovat ['prschänozowat] ➢ 65ff.
überqueren přejít (*1. sing* přejdu)/přecházet ['prschäjiht/'prschächahsät]
überrascht překvapený ['prschäkwapänih]
übersetzen přeložit ['prschäloschit]
überweisen převést (*1. sing* převedu) (na konto) ['prschäwähsst ('nakonto)], poukázat ['poukahsat]
Ufer břeh [brschäch]
Uhr *(Zeit)* hodina ['hodjina] ➢ 17; *(Armband~)* hodinky *f pl* ['hodjinki]; *(Wand~, Turm~)* hodiny *f pl* ['hodjini]
um v, ve + *präp* [w/f/'wä]
umarmen obejmout ['obäjmout]
umbuchen změnit rezervaci ['smnjänjit 'räsärwazi] ➢ 29, 31
Umleitung objížďka ['objihschtjka] ➢ 28
umsonst *(kostenlos)* zadarmo ['sadarmo], zdarma ['sdarma]; *(vergeblich)* marně ['marnjä], nadarmo ['nadarmo], *adv* zbytečně ['sbitätschnjä]
umsteigen přestoupit ['prschässtoupit]
umtauschen vyměnit ['wimnjänjit] ➢ 98
Umwelt životní prostředí ['schiwotjnjih 'prosstrschädjih]
umziehen přestěhovat se ['prschässtjähowat ssä]; **s. ~** převléknout se ['prschäwlähknout ssä]
unbedingt *adv* bezpodmínečně ['bäss,podmihnätschnjä]
unbekannt neznámý ['näsnahmih]
und a [a]
Unfall nehoda ['nähoda] ➢ 24
unfreundlich nepříjemný ['nä,prschihjämnih]
ungefähr *adj* přibližný ['prschiblischnih]; *adv* přibližně ['prschiblischnjä]
ungern nerad *m* [nä,rat], -a *f*, -i *pl* [närada -dji]
ungesund nezdravý ['nä,sdrawih]
ungewiss nejistý ['nä,jisstih]
Unglück neštěstí ['näschtjässtjih]
unglücklich nešťastný ['näschtjasstnih]
ungültig neplatný ['näplatnih]
unhöflich nezdvořilý ['nä,sdworschilih]
Unkosten výdaje *m pl* ['wihdajä], náklady *m pl* ['nahkladi]
unmöglich nemožný ['nämoschnih]
unruhig neklidný ['näklidnih]
uns *gen, akk, präp* nás [nahss], *dat* nám [nahm]; *instr* námi [nahmi]
unschuldig nevinný ['näwinih]
unser, unsere náš *m sing* [nahsch], naše ['naschä]
unter pod *(wo + instr, wohin + akk)* ['pot/'pod]
unterbrechen přerušit ['prschäruschit]
Unterführung podchod ['potchot]
Unterhaltung zábava ['sahbawa]
Unterkunft ubytování ['ubitowahnjih] ➢ 65ff.
Unterschied rozdíl *m* ['rosdjihl]
Unterschrift podpis *m* ['potpiss] ➢ 97f.
Untersuchung (lékařská) prohlídka [('lähkarschsskah) 'prohlihtka], vyšetření ['wischätrschänjih]
unterwegs cestou ['zässtou], na cestě ['nazässtjä], po cestě ['pozässtjä] ➢ 21ff.
unverschämt nestydatý ['nä,sstidatih]
unwohl, s.~ fühlen necítit se dobře ['näzihtjit ssä 'dobrschä]
Urlaub dovolená *f* ['dowolänah]
Ursache příčina ['prschihtschina]
urteilen soudit ['ssoudjit], usuzovat ['ussusowat]

V

Vater hs otec *m* ['otäz]; táta *m* ['tahta]
Verabredung schůzka ['ss chuhsska] ➢ 11f.
verabschieden, s. ~ rozloučit se/loučit se ['rosloutschit ssä/'loutschit ssä]
verändern změnit ['smnjänjit]
Veranstaltung pořad ['porschat], program ['program], akce *f* ['akzä] ➢ 79f.
Veranstaltungskalender přehled kulturních pořadů ['prschählät 'kulturnjihch 'porschaduh] ➢ 79f.
verbieten zakázat ['sakahsat]
verbinden zavázat ['sawahsat]; *(Wunde)* obvázat ['obwahsat]; *(zwei Dinge)* spojit ['sspojit]
Verbindung spojení ['sspojänjih] ➢ 104
verboten! zakázáno! ['sakahsahno]
verdienen *(Geld)* vydělat ['widjälat]; *(Strafe, Lob)* zasloužit si ['sasslouschit ssi]
verdorben zkažený ['sskaschänih]
vereinbaren domluvit ['domluwit]
Verfassung *(Grundgesetz)* ústava ['uhsstawa]
Vergangenheit minulost ['minulosst]
vergessen zapomenout ['sapomänout]
Vergewaltigung znásilnění ['snahssilnjänjih] ➢ 101
Vergiftung otrava ['otrawa] ➢ 96
Vergnügen zábava ['sahbawa] ➢ 78ff.
verheiratet *(Mann)* ženatý ['schänatih], *(Frau)* vdaná ['wdanah]
Verhütungsmittel antikoncepční prostředek ['antikonzäptschnjih 'prosstrschädäk]
verirren, s. ~ zabloudit *pf* ['sabloudjit]
Verkauf prodej *m* ['prodäj]
Verkehr doprava ['doprawa], provoz ['prowoss]
Verkehrsamt informační středisko ['informatschnjih 'sstrschädjissko]
verlängern prodloužit ['prodlouschit]
verlieren ztratit ['sstratjit] ➢ 98
verloben, s. ~ zasnoubit se ['sassnoubit ssä]

Verlobte, der, die ~ snoubenec ['ssnoubänäz], snoubenka ['ssnoubänka]
Verlust ztráta ['sstrahta]
vermieten pronajmout (*1. sing* pronajmu) ['pronajmout] ➢ 70, 82
versäumen zmeškat *pf* ['smäschkat]
verschieben odložit ['odloschit], posunout ['possunout]
verschieden různý ['ruhsnih]
verschreiben předepsat ['prschädäpsat] ➢ 92, 96
Versehen, aus ~ omyl ['omil], omylem ['omiläm]
Versicherung pojištění ['poj(i)schtjänjih]; *(Police)* pojistka ['poj(i)sstka]
verspäten, s. ~ zpozdit se ['ssposdjit ssä]
Versprechen slib [sslip], příslib ['prschihsslip]
verständigen, jdn ~ vyrozumět (někoho) ['wirosumnjät]; **s. ~** dorozumět se ['dorosumnjät ssä], domluvit se ['domluwit ssä]
verstehen rozumět *ipf* ['rosumnjät]
versuchen pokusit se (o něco) ['pokussit ssä], zkusit (něco) ['sskussit]
Vertrag smlouva ['ssmlouwa]
verunglücken utrpět *pf* úraz *m* ['utrpjät 'uhrass]
verwandt příbuzný ['prschihbusnih]
verwechseln splést si (*1. sing* pletu) ['ssplähsst ssi]
Verzeichnis seznam ['ssäsnam]
verzeihen prominout ['prominout], odpustit ['otpusstjit]
verzollen proclít ['prozliht]
viel hodně ['hodjnjä]; *hs* mnoho ['mnoho]; **sehr ~** moc [moz]
vielleicht možná ['moschnah]
Visum vízum ['wihsum] ➢ 104f.
Volk národ ['nahrot], lid [lit]
voll plný ['plnih]
Vollpension plnou penzí ['plnou 'pänsih] ➢ 67, 69
von od, ode + *gen* ['ot/'od/'odä]; *(aus)* z, ze + *gen* [ss/'sä]; *(über)* o ['o]
vor před(e) *(wo + instr, wohin + akk)* ['prschät ('prschädä)]
Voranmeldung předběžná přihláška ['prschädbjäschnah 'prschihlahschka], ohlášení předem ['ohlahschänjih 'prschädäm]
voraus, im V~ předem ['prschädäm]
vorbei kolem + *gen* ['koläm]; **es ist ~** *adv* je konec [jä 'konäz]; *(weg)* pryč [pritsch]
vorher předtím ['prschätjim]
vormittags dopoledne ['dopolädnä] ➢ 18
Vorname (křestní) jméno [('krschässtjnjih) '(j)mähno] ➢ 105
Vorort, Vorstadt předměstí ['prschädmnjässtjih]
Vorsaison období před sezónou ['obdobih 'prschäzäsohnou]
Vorschrift předpis ['prschätpiss]
Vorsicht pozor ['posor]
Vorstellung představení ['prschäztawänjih] ➢ 79f.
Vorverkauf předprodej ['prschät͵prodäj] ➢ 80
Vorwahlnummer předvolba/volačka ['prschädwolba/'wolatschka]
vorziehen dát přednost [daht 'prschädnosst]

W

wach sein být vzhůru (*1. sing* jsem vzhůru) ['bihd 'wshuhru]
wählen volit ['wolit]
wahr pravdivý ['prawdjiwih]
während během + *gen* ['bjähäm], za + *gen* ['sa …]
wahrscheinlich *adv* pravděpodobně ['prawdjä͵podobnjä]
Währung měna ['mnjäna] ➢ 98
Wald les *m* [läss] ➢ 77
Wanderkarte turistická mapa ['turisstizkah 'mapa]
wandern pěstovat turistiku ['pjässtowat 'turisstiku] chodit na túry ['chodjit 'natuhri] ➢ 84
warm teplo ['täplo] ➢ 20
warnen (vor) varovat *ipf* (před + *instr*) ['warowat]
warten čekat ['tschäkat]
Wartesaal čekárna ['tschäkahrna] ➢ 33
Wartezimmer čekárna ['tschäkahrna]
was co [zo]
waschen mýt (*1. sing* myju) [miht]; *(Wäsche)* prát (*1. sing* peru) [praht]
Wasser voda ['woda]
wechseln vyměnit/měnit ['wimnjänjit/'mnjänjit] ➢ 97f.
wecken vzbudit ['(w)sbudjit]
Weg cesta ['zässta]
weg pryč [pritsch]
wegen kvůli *dat* ['kwuhli]
weggehen odejít (*1. sing* odejdu) ['odäjiht]
Wegweiser silniční ukazatel ['ssilnjitschnjih 'ukasatäl], směrovka ['ssmnjärofka] ➢ 29
weh tun bolet ['bolät]
weiblich ženský ['schänsski]
weich měkký ['mnjäkih]
weigern, s. ~ odmítat *ipf* ['odmihtat]
weil protože ['protoschä]
weinen plakat *ipf* (*1. sing* pláču) ['plakat], brečet *ipf* ['brätschät]
weiß bílá *f* ['bihlah]
weit *(Entfernung)* *adv* daleko ['daläko], dalece ['daläzä]; *(breit)* *adj* široký ['schirokih]; *adv* široko ['schiroko], široce ['schirozä]
Welt svět [sswjät]
wenig málo ['mahlo]
wenn když [gdisch], kdyby *(+ Konditional)* ['gdibi]
werden stát se (*1. sing* stanu se) ['sstaht ssä]
Werkstatt dílna ['djihlna], opravna ['oprawna] ➢ 23f.
werktags ve všední dny ['wäfschädjnjih dni]
Wert hodnota ['hodnota], cena ['zäna]
Westen západ ['sahpat]
Wetter počasí ['potschassih] ➢ 20
wichtig důležitý ['duhläschitih]
wie *adv* jak [jak]; *adj* jaký [jakih]
wieder zase ['sassä], opět *hs* ['opjät]
wiederholen opakovat ['opakowat]
wiederkommen přijít znovu ['prsch(ij)ihd 'snowu]
wieder sehen vidět znovu ['widjäd 'snowu]
wiegen vážit ['wahschit]
willkommen, seien Sie ~ buďte vítán, -a, -i ['budjtä 'wihtahn -a -nji]

wir my [mi]
Wirt/in hospodský/-á ['hosspozkih/-ah]
Woche týden ['tihdän] ➢ 18f.
wohnen bydlet *ipf* ['bidlät]
Wohnort, Wohnsitz (místo) bydliště [('mihssto) 'bidlischtjä] ➢ 105
Wohnung byt [bit]
wollen chtít *ipf* (*1. sing* chci, *2.* chceš, *3. pl* chtějí) [chtjiht]
Wort slovo ['sslowo]
wünschen, sich ~ přát (si) (*1. sing* přeju) [prschaht (ssi)]
wütend vzteklý ['fsstäklih]

Z

Zahl číslo ['tschihsslo]
zahlen platit ['platjit]
Zahlung platba ['pladba], placení ['plazänjih]
Zahnarzt zubního lékaře ['subnjihho 'lähkarschä], zubaře ['subarschä] ➢ 93ff.
zeigen ukázat ['ukahsat]
Zeit čas [tschass] ➢ 17ff.
Zeitschrift časopis *m* ['tschassopiss] ➢ 61
Zeitung noviny *f pl* ['nowini] ➢ 61
Zentrum střed [sstrschät], centrum ['zäntrum]
zerbrechlich rozbitný ['rosbitnih]
zerstören zničit ['snjitschit]
Zeuge/Zeugin svědek/svědkyně *f* ['sswjädäk/'sswjätkinjä]
ziehen táhnout ['tahhnout]
Ziel cíl *m* [zihl]
Zigarette cigareta ['zigaräta] ➢ 62, 64
Zimmer pokoj ['pokoj] ➢ 65ff.
Zoll clo [zlo] ➢ 104f.
zornig rozzlobený ['roslobänih]
zu *(Richtung)* k, ke + *dat* [k/gkä]; *(geschlossen)* zavřený ['sawrschänih]
zufrieden spokojený ['sspokojänih]
Zug vlak [wlak] ➢ 31f.
zumachen zavřít (*1. sing* zavřu) ['sawrschiht]
zurück zpátky ['sspahtki], nazpět ['nasspjät]
zusammen spolu ['sspolu]
zusätzlich *adj* nadbytečný ['nad,bitätschnih]; *adv* navíc ['nawihz]
zuschauen dívat se (na něco) ['djihwat ssä]
Zuschlag příplatek ['prschihplatäk] ➢ 33
zuschließen zamknout ['samknout]
zuständig příslušný ['prschihssluschnih]; kompetentní ['kompätänjtjnjih]
zu viel moc [moz], příliš ['prschihlisch], příliš mnoho ['prschihlisch 'mnoho]
zweifeln, an etw ~ pochybovat *ipf* (o něčem) ['pochibowat]
zwischen mezi *(wo + instr, wohin + akk)* ['mäsi]

Impressum

Unsere Autoren haben nach bestem Wissen recherchiert. Trotzdem schleichen sich manchmal Fehler ein, für die der Verlag keine Haftung übernehmen kann.
Titelbild: Straßenschild/Prag (Look/Thomas Stankiewicz)
Fotos: Gettyone Stone (89); HB-Verlag (1, 2, 3, 7, 35, 49, 65, 75, 81, 91); laif/Zanettini (85); Look/Stankiewicz (2, 21); Ali Mitgutsch „Komm mit ans Wasser" © Ravensburger Buchverlag, Otto Maier GmbH (87); Wolpert & Strehle Fotodesign (14, 39–42, 62–64, 72–74, 88)
3. Auflage 2005 © MAIRDUMONT, Ostfildern
© auf der Basis PONS Reisewörterbuch Tschechisch
Copyright Ernst Klett Sprachen GmbH, Stuttgart
bearbeitet von Alena Walter
Redaktion: Ernst Klett Sprachen GmbH, Stuttgart; MAIRDUMONT, Ostfildern;
Barbara Pflüger, Stuttgart; Regina Reinboth-Kämpf, Esslingen
Mitarbeit an diesem Werk: Alena Walter, Hürth
Gestaltungskonzept: red.sign, Stuttgart
Satz: Fotosatz Kaufmann, Stuttgart
Printed in Germany

Gedruckt auf 100% chlorfrei gebleichtem Papier